复杂地基多线船闸工程设计与实践

叶雅思　邹开明　潘宣何　张家强　任启江 ◎ 著
张爱平　喻胜强　林依山 ◎ 主　审

人民交通出版社

北京

内 容 提 要

本书结合湘江长沙综合枢纽船闸工程和株洲航电枢纽二线船闸工程的建设实践,对船闸工程结构应力计算、人字闸门撞击力与动力响应进行了全面的分析介绍,并对不同工况组合下基坑开挖对邻近水工建筑物影响进行了分析,成果汇集了长期工程实践的经验,也通过了工程实际运行考验。

本书工程实例丰富,实用性强,可供船闸工程科研、设计、施工和建设管理等单位有关人员参考,也可作为大专院校相关专业师生的教学参考书。

图书在版编目(CIP)数据

复杂地基多线船闸工程设计与实践/叶雅思等著. —北京:人民交通出版社股份有限公司,2024.5
ISBN 978-7-114-19509-9

Ⅰ.①复… Ⅱ.①叶… Ⅲ.①船闸—设计 Ⅳ.①U641.2

中国国家版本馆 CIP 数据核字(2024)第 084977 号

Fuza Diji Duoxian Chuanzha Gongcheng Sheji yu Shijian
书　　名:复杂地基多线船闸工程设计与实践
著 作 者:叶雅思　邹开明　潘宣何　张家强　任启江
责任编辑:郭晓旭
责任校对:孙国靖　宋佳时
责任印制:刘高彤
出版发行:人民交通出版社
地　　址:(100011)北京市朝阳区安定门外外馆斜街 3 号
网　　址:http://www.ccpcl.com.cn
销售电话:(010)59757973
总 经 销:人民交通出版社发行部
经　　销:各地新华书店
印　　刷:北京建宏印刷有限公司
开　　本:787×1092　1/16
印　　张:11.25
字　　数:273 千
版　　次:2024 年 5 月　第 1 版
印　　次:2024 年 5 月　第 1 次印刷
书　　号:ISBN 978-7-114-19509-9
定　　价:58.00 元

(有印刷、装订质量问题的图书,由本社负责调换)

前　言

  近年来,随着经济社会发展和区域之间经济合作的加强,许多航运干线货运量节节攀升,运输船舶向大型化发展,很多船闸的通航能力接近饱和,甚至已经处于饱和状态,枢纽同时新建二线船闸或者扩建二线船闸的情形越来越多。

  湘江是全国内河高等级航道网中长江水系高等级航道布局方案的"两横一纵两网十八线"中的一线,同时也是湖南省的经济主动脉,湘江流域地区生产总值占到全省的72.4%。湘江长沙综合枢纽工程建设过程中,同时新建了2座2000吨级船闸;在湘江将二级航道延伸到衡阳蒸水河口项目中,株洲航电枢纽、大源渡航电枢纽均在原1000吨级船闸的基础上扩建了2000吨级船闸。本书结合上述工程总平面规划布置、工程设计、工程施工及运行管理各个阶段的多项模型试验研究,其研究手段涉及物理模型试验、数学模型、原型观测等,对船闸主体结构、温度应力、人字门撞击力及动力响应并对二线船闸扩建工程对邻近建筑物进行了机理研究,研究成果为工程建设的各个阶段提供了科学依据和技术指导,在工程实践中取得了预期的效果。

  本书由叶雅思、邹开明、潘宣何、张家强、任启江著,由张爱平、喻胜强、林依山主审。大量工程研究、设计、施工等建设一线技术人员为研究数据积累、分析计算的改进付出了艰辛和努力,唐杰文、曹周红、凌威、李帆等人均为本书船闸设计和研究做出了贡献,借此书出版之际,对他们表示由衷的感谢和敬意。

  由于作者学识有限,书中难免有疏漏与不足之处,请广大读者不吝指教。

作　者
2023 年 10 月

目 录

第1章 绪论 ... 1
1.1 湘江长沙综合枢纽船闸工程 ... 1
1.2 株洲航电枢纽船闸工程 ... 8

第2章 船闸闸室结构仿真分析及可靠度分析 ... 10
2.1 问题的提出 ... 10
2.2 本章主要研究内容 ... 11
2.3 地质参数统计分析 ... 11
2.4 船闸闸室结构仿真分析 ... 14
2.5 船闸闸室结构可靠性分析 ... 28
2.6 小结 ... 41
本章参考文献 ... 42

第3章 船闸闸首底板温度应力仿真 ... 43
3.1 问题的提出 ... 43
3.2 本章主要研究内容 ... 43
3.3 基于规范的混凝土温度应力的计算分析 ... 44
3.4 基于ANSYS混凝土温度应力计算分析 ... 46
3.5 混凝土徐变计算在ANSYS中的实现 ... 51
3.6 考虑徐变因素的混凝土温度应力分析及结构优化 ... 75
3.7 小结 ... 83
本章参考文献 ... 83

第4章 船闸闸首底板结构施工期原型观测及反演分析 ... 84
4.1 问题的提出 ... 84
4.2 本章研究的主要内容 ... 84
4.3 底板施工期温度场原型观测 ... 84
4.4 混凝土热力学参数反演分析 ... 90
4.5 小结 ... 103
本章参考文献 ... 103

第5章 船舶撞击力及人字闸门动力响应分析 ... 104
5.1 问题的提出 ... 104
5.2 本章主要内容 ... 105
5.3 接触碰撞数值仿真的基本理论和关键技术 ... 105

5.4　船舶-人字闸门碰撞有限元模型 ··· 110
　　5.5　船舶撞击力分析 ·· 114
　　5.6　人字闸门动力响应分析 ·· 126
　　5.7　小结 ··· 138
　　本章参考文献 ·· 139
第6章　基坑开挖对邻近船闸的影响研究 ··· 141
　　6.1　问题的提出 ·· 141
　　6.2　本章主要内容 ·· 141
　　6.3　基坑开挖对邻近船闸影响的模型试验研究 ···································· 142
　　6.4　船闸基坑开挖参数反演分析 ·· 147
　　6.5　基坑开挖对邻近船闸影响的有限元分析 ·· 157
　　6.6　小结 ··· 172
　　本章参考文献 ·· 173

第1章 绪　　论

1.1　湘江长沙综合枢纽船闸工程

1.1.1　湘江长沙综合枢纽工程概况

湘江长沙综合枢纽工程位于湘江干流下游,坝址位于长沙市望城区蔡家洲中部偏上游的分汊河段,是湘江干流梯级规划的第9级,上距株洲航电枢纽132km,下距城陵矶146km。控制流域面积90520km²。枢纽正常蓄水位29.7m,相应库容6.75亿 m³;死水位29.7m,相应库容6.75亿 m³。

湘江长沙综合枢纽工程的开发任务是保证长株潭城市群生产生活用水,适应滨水景观带建设和进一步改善长沙—株洲段航道通航条件,兼顾发电等功能。湘江长沙综合枢纽工程的建设,对我国中部人口密集、经济发达的长沙—株洲—湘潭城市群地带意义重大,项目建成后,对航运、防洪、供水、宜居、旅游都具有提升效应。

枢纽建筑物主要包括船闸、泄水闸、电站、坝顶公路桥、鱼道、护岸等。船闸布置于左汊河床,设计吨位2000t,闸室有效尺度为280m×34m×4.5m(长×宽×门槛水深),船闸设计年通过能力9400万 t(每座单向2450万 t)。河床式电站厂房布置于左汊河床右侧,总装机容量57MW,安装6台9.5MW的灯泡贯流式机组,年均发电量2.32亿 kW·h。泄水闸共46孔,分左、右汊布置,左汊26孔,堰顶高程18.5m,孔口净宽22m;右汊20孔,堰顶高程25m,孔净宽14m。坝顶公路桥宽27m,为双向六车道。湘江长沙综合枢纽工程实景如图1-1所示。

图1-1　湘江长沙综合枢纽工程实景图

1.1.2 湘江长沙综合枢纽船闸工程概况

湘江长沙综合枢纽船闸工程(图1-2)属于长沙综合枢纽的一部分,位于左汊左岸,于2010年批复施工图,同年开工,2012年10月通航。船闸等级为Ⅱ级,为双线单级船闸,并预留三线船闸位置,待双线船闸通过能力趋于饱和时,可开始兴建第三线船闸,以满足经济发展的需求。

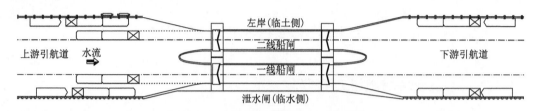

图1-2 湘江长沙综合枢纽船闸总体布置图

双线船闸布置在左汊左岸,一、二线船闸共用引航道,船闸右侧主导航墙与枢纽工程泄水闸相邻。引航道轴线及一、二线船闸轴线与坝轴线垂直,闸室及上闸首布置于坝轴线下游,一线船闸上游部分主导航墙与一线船闸上闸首为枢纽挡水线的一部分。坝顶公路桥布置于上闸首上游,跨越进水墙、主辅导航墙。船闸控制楼布置在二线船闸左岸。

船闸从上游进口至下游出口工程总长度2170.0m,从上往下依次为:上游连接段航道、上游口门区、上游引航道、上闸首、闸室、下闸首、下游引航道、下游口门区、下游连接段航道。

船闸口门宽34.0m,上、下闸首顺水流向的长度均为35.0m,闸室长度为280.0m。

引航道布置采用对称型的布置形式,引航道与泄水闸采用隔流堤、靠船墩隔开。上游引航道的直线段长度为910.0m,从上自下依次布置150.0m制动段、560.0m停泊段(布置靠船墩)和200.0m导航段(布置主、辅导航墙和进水墙)。下游引航道的直线段长度为910.0m,从上自下依次布置200m导航段(布置主、辅导航墙和进水墙)、560.0m停泊段(布置靠船墩)和150.0m制动段。下游连接段航道靠左岸侧边线采用半径946.0m的圆弧与下游航道平顺连接。船舶进出闸方式为曲线进闸、不完全直线出闸。船闸整个引航道宽度为146.0m。船舶停靠在引航道两侧。

湘江长沙综合枢纽船闸工程坐落在复杂地基上。该段地基在顺水流方向有不同程度的风化层,在垂直水流方向则是由两端地基条件较差的全风化花岗岩和中间中风化岩构成,如图1-3、图1-4所示。

船闸建筑物及引航道布置在河床左岸河堤附近,船闸轴线与坝轴线交角为90°,该范围内河床地面高程11.5~23.0m。船闸建筑物及引航道所在场地地层岩性按地层时代,由新至老分述如下:

(1)第四系全新统桔子洲组(Q_j):覆盖层厚度一般为5.0~10.0m,最大厚度19.3m。

粉质黏土:软~可塑,仅分布在船闸左边墙下游引航道门口段,厚度小于4.7m。

细砂:松散,含少量泥质,仅局部分布在河床表层,厚度小于3.8m。

砾石:浅部以松散~稍密为主,底部以稍~中密为主,厚度为2.8~19.3m,河床中厚度较小,厚度一般为5.0~10.0m。

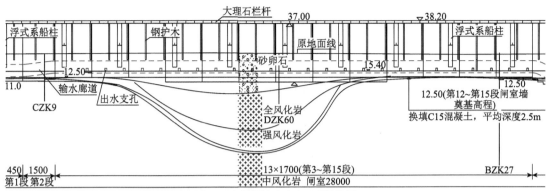

图1-3 船闸顺水流方向地质结构图

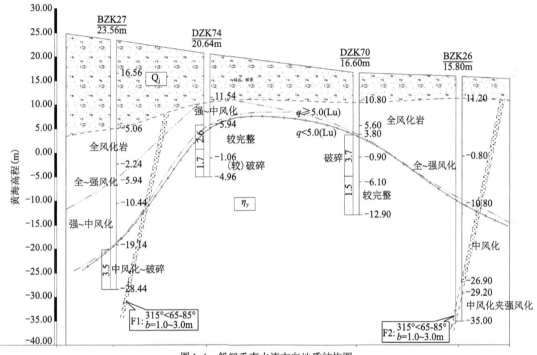

图1-4 船闸垂直水流方向地质结构图

(2)燕山晚期侵入岩(γ_5^3)。

花岗岩：拟建船闸左边墙全、强风层厚度一般较小，一般介于1.5～5.0m之间；右边墙下伏基岩面全、强风层厚度以及岩石完整性变化大，钻孔揭露全、强风化层底界埋深最大约为42.7m(高程-19.1m)。

全风化花岗岩：灰黄、深灰白色，岩质软弱，长石、云母等软质矿物大多已经风化成次生矿物，石英颗粒风化呈粗砂状、砾砂状，岩石风化多呈密实或半胶结粗砂、砾砂状，岩芯多呈土柱状，但是容易捏散，浸水易崩解。

强风化花岗岩：灰深白色，晶粒粗大，长石、云母已经风化变色。其强风化上带，岩质较软，岩石呈疏松状胶结的砾砂夹较硬碎石状，岩质软硬不均，碎块难捏散，但是容易击碎，一般夹全风化岩;强风化下带,岩质一般较硬,敲击声哑,陡倾角裂隙发育,岩石多破碎,岩芯多呈碎块状。根据坝区孔内声波测试得知,坝区强风化下带岩体的纵波波速为 $v_p = 360 \sim 4400 \text{m/s}$。

中风化花岗岩(图1-5):浅灰、灰白色,岩质坚硬,饱和单轴抗压强度大于40MPa,陡倾角节理裂隙多较发育,钻孔线裂隙率一般为 $1.0 \sim 2.9$ 条/m,局部地段节理裂隙发育,基岩钻孔线裂隙率达 $2.5 \sim 5.6$ 条/m。节理裂隙倾角一般为 $65° \sim 90°$。裂隙面粗糙、较平整,沿裂隙面多有浸染迹象,附铁锰质物呈肉红、褐黄色,少数裂隙间充填的绿泥石呈黄绿色。中风化花岗岩陡倾角裂隙发育,岩石较破碎,但裂隙多闭合且裂隙间填充填泥物质,故透水性弱;但局部地段浅层中风化岩裂隙张开度大,钻进时漏水明显。

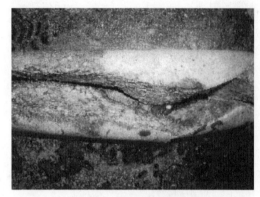
a) 中风化岩中裂隙间充填绿泥石

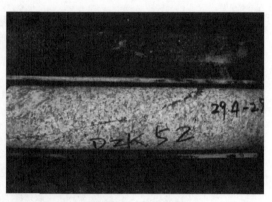
b) 中风化岩中存在微裂隙

c) 破碎的中风化花岗岩

图1-5 各种风化程度的中风化岩

微风化花岗岩:灰白色,岩质坚硬,岩石完整,钻孔线裂隙率一般为 $0.6 \sim 2$ 条/m,裂隙一般胶结好,岩芯呈长柱状。

左岸船闸闸室内(坝轴线下游 $140 \sim 260 \text{m}$ 范围内)揭露有断层挤压破碎带2条(F1、F2),断层构造岩为糜棱岩夹压碎岩,肉红色夹灰白色,岩石糜棱化、泥化、片理化及挤压破碎扭曲明显,岩石呈土、半胶结砾砂夹角砾状,断层破碎带内可见倾角约 $65°$ ~近直立劈理,劈理面多见红褐色泥质薄夹层;破碎带宽度 $1.0 \sim 3.0 \text{m}$,F1断层走向约为 $45°$,断层倾角 $>65°$;F2断层为F1断层的分支,延伸长度不大(约280m),走向为 $25°$,内见断层角砾岩夹糜棱岩,并见近直立劈理。另外,由于断层的影响,岩石极破碎,风化厚度大,局部存在小的断层挤压破碎带。

船闸上闸首完整中风化花岗岩岩面高程为 8.9~11.8m,下闸首完整中风化花岗岩岩面高程为 8.2~14.1m,上、下闸首中风化岩面埋深浅,地质条件好。

1.1.3 船闸地基的物理力学参数与特点

1.1.3.1 物理力学参数

船闸地基用 3 个基本力学指标来衡量土的孔隙大小、密实程度,即颗粒密度、土体含水率和天然重度。除此之外,还有一些参数用于描述土的塑性以及土颗粒成分的指标:液限、塑限、缩限、限定粒径和有效粒径,这些参数在反映地基参数方面同样比较重要。船闸地基的力学性指标是用于评价岩土在外荷载作用下的力学性能,常用的评价指标又可分为变形指标和强度指标。变形指标包括土的压缩系数、压缩模量、变形模量、弹性模量、回弹模量、压缩指数以及回弹指数,其中压缩模量一般通过室内试验进行测试获得,变形模量通常通过原位测试获得;强度指标主要是指土的黏聚力和内摩擦角。

1.1.3.2 物理力学参数的特点

岩土的力学性质如内摩擦角、弹性模量和黏聚力一般具有比较明显的空间变异性,并且在断层等地质构造的影响下,使得结构部分地基中局部区域存在软弱夹层、风化深槽等构造。影响岩土性质的因素较多,通常受到其矿物成分和埋藏深度、含水率和密度及应力历史等因素的影响。受以上原因的综合影响,不同类型岩土性质差异很大。地质参数的这些变化性通常称为空间变异性,具体表现为即使是同类型的均匀土层,各点处的性质也有差异。

对于工程实际中的地基材料参数,其不确定的因素也有很多。总结起来主要包括:试验不确定性、统计不确定性和模型不确定性。试验不确定性由试验测试过程中产生的偏差以及随机测量而引起的误差两部分组成。具体而言是,在试验过程中试件由于取样和运送对水分的损失、原状土的扰动、环境条件等和现场的差异,以及试验仪器与方法技术的差异而引起的,可以随着试验设备、取样保管及测试水平的提高而降低。统计误差是由试验人员对数据的统计处理不准确引起的,通常这种因素对地基材料参数的影响会随着统计样本数量的增加而降低。模型不确定性也是一项重要的因素,是在计算过程中人们对机理尚未了解透彻而造成的,或者人们对所采用的计算模型有目的地简化、理想化,这种情况会随着认识的深入、计算手段的提高而得以改善。

1.1.4 湘江长沙综合枢纽船闸工程特点

1.1.4.1 地质条件复杂

船闸所在场地岩性按地层时代,由新至老分别为第四系全新统桔子洲组、燕山晚期侵入岩。第 5~11 段闸室建在第四系全新统桔子洲组的砂卵石层,而第 1~4 段闸室建在燕山晚期侵入岩的风化岩层上;船闸左边墙全、强风化层厚度一般较小,一般介于 1.5~5.0m,而右边墙下伏基岩面,全、强风化层厚度,岩石完整性变化大,钻孔揭露全、强风化层底界埋深最大约 42.7m;上闸首完整中风化花岗岩岩面高程为 8.9~11.8m,下闸首完整中风化花岗岩岩面高程为 8.2~14.1m,上、下闸首中风化岩面埋深浅,而闸室内(坝轴线下游 140~260m 范围内)揭露有断层破碎带2条,断层构造岩为糜棱岩夹压碎岩,船闸不同区段地基的工程性质与厚度变化较大且规律性不明显。

1.1.4.2 结构形式和构造多样

顺水流方向,闸室分为17个结构段,其中第1~4、12~17段闸室结构采用闸墙与闸底无刚性连接的分离式结构;第5~11段闸室采用闸墙与闸底刚性连接的整体坞式结构,并且闸底板采用先预留宽缝、后期合缝浇筑的施工方法,结构构造比较复杂,施工较一般整体式施工方法复杂。

上、下闸首都采用整体坞式结构,底板厚约10m,也采用先预留宽缝、后期合缝浇筑的施工方法。施工时在底板上设置两条1.5m的宽缝,使原来宽62m的底板分成三段,中间段长度为20m,两侧段长度为19.5m。其施工工序为1-2-3-4(图1-6),即:

①浇筑闸首底板,但预留两道宽1.5m的缝,底板采用分层浇筑,1.5m一层。
②浇筑两线船闸的边墩至39.0m高程。
③进行二线船闸左边墩后土方回填至39.0m高程。
④浇筑底板宽缝的混凝土,使底板成为一个整体。

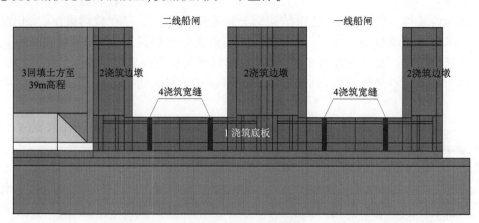

图1-6 施工过程示意图

1.1.4.3 气象多样,气候多变

湘江流域处在亚热带湿润地区,受季风影响大。冬季多为西伯利亚干冷气团控制,气候较干燥寒冷;夏季为低纬海洋暖湿气团盘踞,温高湿重。春夏之交,湘江流域处在冷暖气流交汇的过渡地带,锋面及气旋活动频繁,形成阴湿多雨的梅雨天气。全流域各地年降水量在1500mm 左右,最多的湘东北个别地区达1700mm 以上,而湘中衡邵丘陵地区则小于1300mm。年降水多集中在3~7月,其中4~6月降水一般占全年降水40%以上。流域暴雨中心主要有3个,一个在湘东南汝城一带,一个在湘东黄丰桥一带,还有一个在湘北浏阳一带。此外,还出现在湘桂交界的都庞岭及潇水上游的九嶷山一带。暴雨多为气旋雨(4~6月),偶尔为台风雨(7~8月)。与暴雨相伴的低空气压系统为西南低涡或江淮切变线,地面为静止锋或冷锋。

气象要素统计主要依据坝址附近长沙气象站 1951—2001 年观测资料。长沙气象站多年月、年平均气象要素值统计见表 1-1。

长沙气象站多年月、年平均气象要素值　　　　表 1-1

时间	气温（℃）	气压（hPa）	相对湿度（%）	降水量（mm）	蒸发量（mm）	日照时数（h）	风道（m/s）	地面温度（℃）
1 月	4.8	1021.0	81.1	55.3	40.3	87.5	2.6	5.6
2 月	6.3	1018.2	83.1	88.1	41.1	66.2	2.7	7.2
3 月	11.0	1014.2	84.1	131.1	64.2	79.1	2.7	12.1
4 月	16.9	1009.1	83.1	197.6	95.6	102.6	2.7	18.5
5 月	21.8	1004.5	83.1	206.6	122.9	124.6	2.5	24.1
6 月	25.9	1000.3	82.1	184.5	154.6	157.2	2.4	29.2
7 月	29.4	998.2	75.1	101.5	246.0	255.3	2.8	34.6
8 月	28.8	999.8	77.1	113.1	215.8	241.1	2.5	33.7
9 月	24.2	1006.8	79.1	50.7	157.4	178.9	2.7	28.1
10 月	18.5	1013.8	80.1	80.7	106.4	141.7	2.5	20.7
11 月	12.6	1018.3	80.1	64.2	67.6	117.0	2.5	13.6
12 月	7.0	1021.0	80.1	42.5	48.6	102.6	2.6	7.8
全年	17.2	1010.4	80.1	1400.7	1359.4	1652.7	2.5	19.6

气温：湖南湘江流域年平均气温在 16~18℃ 之间，湘江流域地处亚热带湿润气候区，暑热期长，具有大陆性气候特点。湘江沿岸各城市年平均气温在 17~19℃ 之间，1 月气温最低，3 月后升温较快，7 月气温最高，9 月后又明显下降，气温由南向北逐渐降低。统计长沙气象站 1951—2001 年观测资料，长沙年平均气温 17.2℃，极端最高气温 40.5℃（1961 年 7 月 24 日），极端最低气温为 -12.0℃（1972 年 2 月 9 日）。

降水：湘江流域属我国南方湿润地区，雨量充沛，流域多年平均降水量为 1472.9mm。降水量的年际变化大，且年内分配极不均匀，4~6 月多暴雨，7~9 月炎热干旱，所以洪涝、干旱灾害频繁。在地域分布上很不均匀，总的趋势是山区大于丘陵，丘陵大于平原。长沙地区多年平均降水量为 1400.7mm，降水多集中于每年 4~6 月，占降水的 46%；历年最大降水量为 1690.3mm（1993 年），历年最小降水量为 962.0mm（1978 年），最大日降水量为 224.5mm（1965 年 7 月 5 日）；多年平均降水天数为（≥0.1mm）158.4 天，历年最长降水天数为 18 天（1970 年、1973 年 2~3 月）。

湿度：湘江流域，年平均相对湿度在 75%~85% 之间。冬季相对湿度可达 80% 以上，夏季相对湿度亦在 75% 以上，只有南岭北坡，因位居背风坡，绝对湿度和相对湿度稍有减少。长沙站多年平均相对湿度为 80.1%，历年最小相对湿度为 10%（1973 年 12 月 28 日）；冬季绝对湿度为 5g/m^3，夏季绝对湿度为 10~30g/m^3。

蒸发：多年平均蒸发量为 1359.4mm。蒸发与气温关系密切，6~8 月气温高，蒸发量也大。

多年平均月蒸发量最大月一般发生在7月。

风:多年平均最多风向为西北偏北,其频率为17%。

地面温度:地面多年平均温度为19.6℃,极端最高地面温度为71.7℃(1980年7月1日),极端最低地面温度为-15.2℃(1957年2月7日)。

1.2 株洲航电枢纽船闸工程

1.2.1 株洲航电枢纽工程概况

株洲航电枢纽工程坝址位于株洲县境内湘江干流空洲岛,上距大源渡航电枢纽96km,下距湘江长沙综合枢纽135km、株洲市24km,正常蓄水位为40.5m,相应库容4.743亿m³;水库死水位为38.80m,相应库容3.489亿m³;调节库容1.254亿m³。其以航运为主,航电结合,并兼有交通、灌溉、供水与养殖等综合利用水资源功能。该枢纽于2002年7月开工,2004年12月船闸通航,2006年8月工程竣工。

株洲航电枢纽工程主要建筑物包括电站、泄水闸、船闸和坝顶公路桥(图1-7)。

图1-7 株洲航电枢纽工程实景图

工程位于湘江分汊河段,江心为空洲岛。左汊左侧布置电站,左汊右侧布置11孔泄水闸,电站与泄水闸之间布置有净宽5m的排漂孔,右汊河床布置13孔泄水闸,船闸布置在右岸台地。电站总装机容量140MW,共布置5台28MW灯泡贯流式水轮发电机组,设计多年平均发电量6.636亿kW·h。泄水闸共24孔,净宽均为20m,弧形钢质闸门挡水,液压启闭。

一线船闸有效尺度为180m×23m×3.5m(长×宽×门槛水深),可满足一顶四艘千吨级船队过闸要求。设计双向通过能力1260万t。进出闸采用直线进闸、曲线出闸的方式。闸首为整体坞式结构,闸室为分离式闸墙,衡重式结构,导航墙为重力式结构。输水系统采用闸墙长廊道侧支孔分散输水系统。

二线船闸有效尺度为280m×34m×4.5m(长×宽×门槛水深),可满足一顶二艘2000吨级船队过闸要求,设计年单向通过能力为2450万t。进出闸采用曲线进闸、直线出闸方式。闸首为整体坞式结构,闸室为分离式闸墙,衡重式结构,导航墙为重力式结构。输水系统采用闸墙长廊道侧支孔分散输水系统。

1.2.2 株洲航电枢纽船闸工程概况

株洲航电枢纽船闸工程为双线船闸。一线船闸等级为Ⅲ级,二线船闸等级为Ⅱ级,均为单级船闸。

一线船闸布置在空洲岛右汊右岸,引航道采用准不对称型布置,上、下游主导航墙及靠船建筑物均位于右侧。上游引航道主导航墙长600m,下游引航道主导航墙长580m,上、下游靠船段各布置8个中心距为20m的靠船墩;上、下游引航道宽均为75m,设计水深3m。该船闸于2004年12月建成通航。

二线船闸并列布置在一线船闸右侧河岸,与一线船闸轴线间距为80m,上闸首上游较一线船闸上延46m。二线船闸上闸首上游侧位于一线船闸上闸首上游46m,两船闸分设引航道。二线船闸的引航道采用准不对称型布置,主导航墙及靠船建筑物均位于右侧岸边。船闸上、下游引航道直线段总成均为525m,其中导航段长90m,调顺段长135m,停泊段长300m,各布置13个靠船墩。该船闸于2018年10月建成通航。

1.2.3 株洲航电枢纽船闸工程特点

由于场地受限,船闸轴线间距小,同时基坑开挖深度大。受场地限制,株洲航电枢纽拟建二线船闸预留位置与一线船闸中心线位置距离仅为100m,船闸基坑开挖深度为25m,在进行二线船闸深基坑开挖时可能会影响一线船闸的安全运行,二线船闸施工作业场地较小。

第 2 章 船闸闸室结构仿真分析及可靠度分析

2.1 问题的提出

内河航运是一种节约型的运输方式,内河航道就是航运的绿色通道。水运作为我国现代交通不可缺少的重要组成部分,相比其他交通方式,具有能耗低、成本低、投入少、占地少等明显优点。湘江流域的水资源丰富,这既是湖南航运赖以发展的先天条件,又是取之不尽的水电资源开发的宝库。在实行以航运为主、航电结合、以电促航、滚动发展的发展战略下,通过近三十年的努力,大源渡航电枢纽工程、株洲航电枢纽工程、湘江长沙综合枢纽工程和土谷塘航电枢纽工程相继建成。这些工程的建设,使得湘江梯级开发得到较大发展。

低水头航电枢纽工程的建设,主要包含的水工结构有通航建筑物、水电站建筑物、泄水建筑物、过鱼建筑物等。低水头航电枢纽通航建筑物通常采用船闸形式。船闸要满足船舶能够安全过闸,结构设计尤为重要。船闸建造环境和地质条件的不同,例如不同坝址岩基的风化程度不同、断层结构不相同,会使得船闸结构类型具有多样性,同时船闸结构不同的设计目的也会带来结构的复杂性。因此,选用合适的方法对船闸结构内力进行合理的分析和计算,是保证整个船闸结构体系安全性和稳定性的关键[1]。

在船闸的设计过程中,一般是根据设计资料对拟定尺寸参数的结构进行校核。以往船闸的分析计算中,通常采用确定性的力学参数及模型对船闸结构进行计算,将所采用的地质参数、荷载参数、尺寸参数看成是确定的数值,然后根据以往的设计经验确定安全系数,衡量船闸的安全性,包括船闸抗滑安全系数、船闸抗倾安全系数等确定的参数来评估结构的可靠度。该方法的本质是为了一定程度上考虑结构中的不确定性因素给结构可能带来的不安全性[2]。整个分析计算过程使得安全系数法在计算中具有一定的主观性,并不能定量考虑船闸结构系统中的不确定因素。鉴于以上考虑,以往单一地使用结构安全系数来评估船闸结构的可靠度是不够的,因为船闸结构的可靠度与结构的安全系数并非简单的正相关。

在船闸结构的力学系统模型建立过程中,模型的随机性因素可大致归纳为以下几个方面:

(1)船闸结构几何尺寸的随机性。在船闸施工过程中,立模、制造、安装等因素会引起一定的误差,使船闸结构的几何尺寸,如船闸底板厚度,闸室墙高度等具有一定的随机性。

(2)船闸结构的边界条件随机性。由于船闸结构的输水系统和结构的闸室和闸首的复杂性,构件与构件连接中的力学强度有一定的随机性、船闸结构与回填材料之间的接触边界条件具有一定的随机性。

(3)船闸地质参数和船闸结构本身的材料性能的随机性。如压缩模量、内摩擦角、渗透系数在内的地质参数存在一定随机性,在这些影响因素中,一般地质参数和材料性能的随机性对结构可靠性的影响最大。

在对船闸结构进行随机可靠度分析时,采用随机参数的结构系统模型研究船闸结构的受力特性时,同时考虑结构系统的几何参数与物理参数的随机性,可以获得船闸结构的内力、结构变形随机变化规律的信息。通过对参数随机模型的深入研究,寻找一个高效的可靠度理论对船闸结构进行可靠度分析,为复杂地基条件下船闸结构的可靠性分析提供比较符合客观实际的重要数据。本书结合湘江长沙综合枢纽船闸工程地质资料,建立船闸地质条件的统计模型,运用蒙特卡罗随机有限元法对船闸闸室结构进行可靠性分析,并在此基础上对船闸闸室结构进行优化设计。利用随机有限元方法对船闸闸室整体进行可靠性分析,考虑各地质参数对控制变量的灵敏度。对地质参数进行随机性考虑,可解决复杂结构可靠度分析面临的困难,这一理论能为通航建筑物可靠性分析方法的应用提供借鉴。

2.2 本章主要研究内容

依托湘江长沙综合枢纽船闸工程,对船闸闸室结构进行以下研究:

(1)在对工程地质报告分析研究的基础上,重点讨论了地基参数的随机性,对长沙综合枢纽工程的船闸地质参数采用随机-模糊法进行分析。

(2)对坞式闸室结构进行施工仿真计算,在分析中综合考虑恒载应力和温度应力的影响,分析结构内力、位移和地基反力,通过计算绘制应力配筋图,为结构的设计提供参考。

(3)利用有限元分析软件 ANSYS,对船闸闸室结构进行了可靠度分析,通过船闸闸室结构的可靠性研究确定由于输入参数的不确定性导致结构失效概率数值,判断对输出结果和失效概率影响最大的参数,计算输出参数的灵敏度;确定输入变量、输出结果变量之间的相关系数等。

2.3 地质参数统计分析

2.3.1 岩石力学参数分析方法

随机有限元法如果要考虑材料的随机性质,首先必须对材料的地基参数进行统计分析,建立结构岩土材料的统计模型。经过国内外学者多年的工程实践,总结出来很多种确定岩石力学参数的方法,主要分为反演分析、经验方法、岩石力学试验、其他方法等,如图2-1所示。

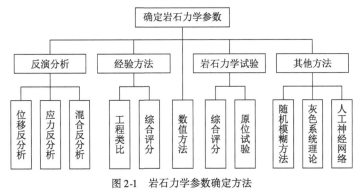

图 2-1 岩石力学参数确定方法

2.3.2 地质力学参数分析

在获取试验参数后,通常需要采用多种方法确定其物理力学参数值,常用的方法有数理统计法(也称最小二乘法)、随机-模糊法、优定斜率法、点群中心法以及可靠度法。本章重点研究随机-模糊理论处理实验数据,并比较与数理统计方法的差别。

随机模糊理论包含了样本的随机和模糊这两类不确定性,岩石样本是随机-模糊样本。在以往的实验数据分析中,通常仅仅采用数理统计方法处理岩石样本的测试信息,这种方法有较好的通用性,但是这种方法也有其缺陷,比如在数据离散性较大的情况下不适宜采用这种方法。若在处理实验数据的时候采用基于随机-模糊处理的统计方法,则能够弥补一般数理统计分析中的不足。在随机-模糊处理方法中,同样也是求取样本的均值 $\bar{x}$、方差 σ^2 及两样本间的协方差 m_{xy}。通常设定 $x_1, x_2, \cdots, x_n$ 为指定的工程地质岩组中岩石某力学参数样本值。

对于岩石力学参数研究的问题,取讨论域表示 $U = \{x_1, x_2, \cdots, x_n\}$,$\underset{\sim}{A}$ 是 U 上一个模糊子集,讨论域 U 中包含的元素为 $x_i (i=1, 2, \cdots, n)$,将 $\underset{\sim}{A}$ 的隶属度表示为 $\mu_{\underset{\sim}{A}}(x_i)$,所求的 $\underset{\sim}{A}$ 的核 A 表示为:

$$A = \{\bar{x} | \mu_{\underset{\sim}{A}}(\bar{x}) = 1\} \tag{2-1}$$

上式中的 $\bar{x}$ 可表示为:

$$\bar{x} = f(x_i)$$

那么式(2-1)就是给定的工程地质岩组的某力学参数所具有的统计特征。

根据所讨论问题的性质,可以采用以下形式的隶属函数:

$$\mu_{\underset{\sim}{A}}(x_i) = e[-D_{i1}(x_i, \bar{x})] \tag{2-2}$$

式中:D_{i1}——x_i 关于模糊集合 $\underset{\sim}{A}$ 的核点 $\bar{x}$ 的马氏距离,可以表达为:

$$D_{i1} = (x_i - \bar{x})^2 w_i \tag{2-3}$$

w_i 通常称作权重,其数值大小可以表达为:

$$w_i = \text{const} = w_{01} \tag{2-4}$$

隶属函数具有这样的规律:x_i 距核点 $\bar{x}$ 的马氏距离 D_{i1} 越大,x_i 对 $\underset{\sim}{A}$ 的隶属越小。所以,$\mu_{\underset{\sim}{A}}(x_i)$ 也可以写成:

$$\mu_{\underset{\sim}{A}}(x_i) = \nu_{\underset{\sim}{A}}(D_{i1}) \tag{2-5}$$

以上隶属关系确定后,为了寻找均值的统计特征,可按使实际样本模糊子集 $\underset{\sim}{A}$ 的程度最大的原则进行。这样就可以组成目标函数:

$$J_1 = \sum_{i=1}^{n} \mu_{\underset{\sim}{A}}(x_i) = \max \tag{2-6}$$

将式(2-5)代入式(2-6)得:

$$J_1 = \sum_{i=1}^{n} \nu_{\underset{\sim}{A}}(D_{i1}) = \max \tag{2-7}$$

对于式(2-7)有:

$$\frac{dj_1}{d_x} = \frac{\partial J_1}{\partial D_{i1}} \frac{dD_{i1}}{dx} = \sum_{i=1}^{n} \nu'_{\underset{\sim}{A}}(D_{i1}) \frac{dD_{i1}}{dx} = 0 \tag{2-8}$$

将式(2-2)~式(2-4)代入式(2-8)得:

$$\sum_{i=1}^{n} \nu'_A(D_{i1})[-2w_{01}(x-\bar{x})] = 0 \tag{2-9}$$

由式(2-9)得：

$$\bar{x} = \frac{\sum_{i=1}^{n} \nu'_A(D_{i1})x_i}{\sum_{i=1}^{n} \nu'_A(D_{i1})} \tag{2-10}$$

岩石样本力学参数均值 σ^2。

设 ξ 是统计总体中基于岩石样本值 $U = \{x_1, x_1, \cdots, x_n\}$ 的随机-模糊变量，即令：

$$\xi_i = (x_i - \bar{x})^2 \tag{2-11}$$

则 $R = |\xi_1, \xi_2, \cdots, \xi_n| = [(x_1 - \bar{x})^2, (x_2 - \bar{x})^2 \cdots, (x_n - \bar{x})^2]$。取 ξ_i 对于讨论域上的模糊子集 B 的隶属函数为：

$$\mu_B(x_i) = \exp[-D_{i2}(\xi_i, S^2)] \tag{2-12}$$

式中，是 D_{i2} 是 ξ_i 关于模糊集合 B 的核点 S^2 的马氏距离，其表达式为：

$$D_{i2} = (\xi_i - S^2)^2 \omega_{02} \tag{2-13}$$

显而易见，$\mu_B(\xi_i)$ 可以写成：

$$\mu_B(\xi_i) = F_B(x_i) = \nu_B D_{i2} \tag{2-14}$$

为此，组成目标函数如下：

$$J_2 = \sum_{i=1}^{n} F_B(x_i) = \sum_{i=1}^{n} \mu_B(\xi_i) = \max \tag{2-15}$$

将式(2-14)代入式(2-15)，得：

$$J_2 = \sum_{i=1}^{n} \nu_B(D_{i2}) = \max \tag{2-16}$$

对于式(2-16)有：

$$\frac{dJ_2}{dS^2} = \frac{\partial J_1}{\partial D_{i1}} \frac{dD_{i1}}{dS^2} = \sum_{i=1}^{n} \nu'_B(D_{i2}) \frac{dD_{i2}}{dS^2} = 0 \tag{2-17}$$

将式(2-13)代入式(2-17)，得：

$$\sum_{i=1}^{n} \nu'_B(D_{i2})[-2w_{02}(\xi_i - S^2)] = 0 \tag{2-18}$$

由上面的表达式可以得到：

$$S^2 = \frac{\sum_{i=1}^{n} \nu'_B(D_{i2})(x_i - \bar{x})^2}{\sum_{i=1}^{n} \nu'_B} \tag{2-19}$$

而常用的数理统计方法中采用的基本计算公式有式(2-20)~式(2-22)。

算术平均值：

$$\bar{x} = \frac{1}{n} \sum_{1}^{n} x_i \tag{2-20}$$

算术标准差：

$$S = \sigma = \sqrt{\frac{1}{n-1}\sum_{1}^{n}(x_i - \overline{x})^2} \qquad (2-21)$$

变异系数：

$$C_v = \frac{S}{\overline{x}} \times 100\% \qquad (2-22)$$

船闸的微风化层采用长宽高为 $5cm \times 5cm \times 10cm$ 的试件,测得的抗压强度为:169.3MPa, 172.1MPa,126.6MPa,122.0MPa,101.2MPa,101.8MPa,122.7MPa,59.7MPa,101.7MPa, 106.4MPa,126.0MPa,129.5MPa,129.9MPa,102.4MPa,136.9MPa,153.2MPa,164.8MPa, 116.7MPa,137.8MPa,183.9MPa,134.3MPa,170.4MPa,159.8MPa,124.4MPa,111.2MPa, 113.2MPa,174.8MPa,163.2MPa,111.3MPa,122.1MPa。

同样,微风化花岗岩的弹性模量如表 2-1 所示:540MPa,510MPa,460MPa,330MPa, 170MPa,320MPa,460MPa,510MPa,530MPa。采用随机-模糊法对上述数据进行分析。

微风化花岗岩抗压强度和弹性模量分析结果　　表 2-1

参数	数理统计法			随机-模糊法		
	均值 $\overline{x}$(MPa)	标准差 σ(MPa)	变异系数 γ	均值 $\overline{x}$(MPa)	标准差 σ(MPa)	变异系数 γ
抗压强度	131.9452	28.1774	0.357	131.0223	27.5964	0.2106
弹性模量	422.5556	125.6096	0.2972	452.075	130.2308	0.2880

从表 2-1 可以看出,对地基抗压模量和弹性模量的分析计算,数理统计分析方法中变异系数 γ 都要比随机-模糊法的计算结果大。一般而言,当地质参数采用随机-模糊法处理时得到的均值、标准差和变异系数比数理统计法所得的结果要小。造成以上差别的主要原因是试验数据都存在分散的现象。在数理统计法中,是将所有的数据点不分轻重地进行分析,在实际操作过程中,难以对数据的误差偏离程度作出判断;而在随机-模糊分析法中,考虑数据的隶属度,将个别的离散性较大的点作为次要考虑,重点考虑离散性小的点。这样能够排除误差较大的点,另外对于数据也不会轻易摒弃,使得计算结果能够更加接近工程地质的实际情况。

采用随机-模糊法对船闸结构地基主要岩层参数进行分析,得到结果如表 2-2 所示。在船闸结构仿真分析中,采用各岩层弹性模量的均值作为计算参数,而在数理统计分析中采用弹性模量和标准差形成的正态分布函数对结构进行概率分析。

船闸结构地基主要岩层参数分析　　表 2-2

岩层名称	弹性模量均值 $\overline{x}$(MPa)	标准差 σ(MPa)	变异系数 γ
微风化花岗岩	2×10^{10}	3.9×10^9	0.195
中风化花岗岩	1.15×10^{10}	2.2×10^9	0.242
强风化花岗岩	0.5×10^9	0.11×10^9	0.220
全风化花岗岩	4.5×10^8	1.3×10^8	0.288

2.4　船闸闸室结构仿真分析

2.4.1　ANAYS 有限元软件

ANSYS 是一种集结构、流体、电磁、热、声学等于一体的通用有限元分析软件。该软件功能强大,能够进行各类结构静力学、动力、线性、非线性、耦合场等问题的求解分析。ANSYS建模方便,可以使用图形用户界面或命令流两种操作方式,它将前处理模块(Preprocessor)、计算模块(Solution)和后处理模块(Postprocessor)三者较好地集成在一起。此外,ANSYS还具有良好的开放性,它提供了MACRO、APDL和UPFS等几种二次开发工具,用户可以根据分析需要对ANSYS进行二次开发,增强程序的功能。典型的ANSYS分析计算包括以下三个步骤:

(1)建立有限元模型,包括定义单元类型、单元特性、材料特性、建立几何模型、网格划分等前处理过程。

(2)加载和求解,包括确定边界条件、施加荷载、求解控制等。

(3)结果查看,在此可以获得计算结果并进行必要的后处理。

ANSYS为研究者提供单元生死功能,用于模拟材料的添加和删除,模拟实际工程中的开挖、结构安装和拆除、浇筑、焊接等工程问题。

ANSYS对于被"杀死"的单元,则是将单元刚度矩阵乘以一个很小的因子,并不是真正将其从模型中删除。被"杀死"单元的荷载等于0,不包括在荷载向量中,但是仍然可以利用列表显示它们。同样,被"杀时"单元的质量、阻尼、比热和其他同类特征均等于0。被"杀死"单元的质量和能量不参加求解,单元的应变始终等于0。

ANSYS可以把"杀死"的单元重新激活,即再生。再生的单元也是在第一次求解之前的前处理器中早就创建好的单元,只是在前面的求解过程中被"杀死"过而已。当"杀死"的单元被重新激活时,其刚度、质量、单元荷载等都将恢复其原始真实取值,再生的单元应变为零,如果存在初应变,则可以通过单元实常数方式输入,并不受单元生死操作影响。

2.4.2 闸室结构有限元模型的建立

船闸闸室第5~11结构段采用整体坞式结构(图2-2)。

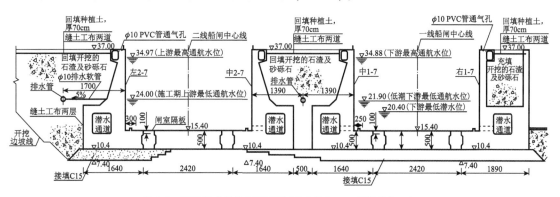

图2-2 整体坞式结构横断面图(尺寸单位:cm;高程单位:m)

具有如下特点:

(1)二线船闸墙后填土高度为26.6m,土压力影响较大,加上二线船闸之间的填土,使得土压力与船闸结构的相互作用较复杂。

(2)两个船闸相距较近,彼此之间相互影响,每线船闸在施工期、完建期、运行期、检修期都会对其他线船闸产生影响,其荷载不同于一般单线船闸设计的情况,影响因素较多,工况较复杂。

(3)两船闸闸室底板厚度较大,设计方案底板厚度达到5m。在浇筑时会释放出大量的水化热,而混凝土的导热性能差,不能及时地将这些热量散发出去,大量水化热的积蓄使混凝土内部产生较高的水化热温升,当外部温度变化较大时,其结构内部与外部之间将产生温度应力,可能会使底板产生裂缝。

两线船闸间的相互影响、较高的回填土作用及温度应力的综合作用,使得整体坞式结构的受力情况较复杂。另外,闸室结构的受力也与分缝的位置、施工顺序、合缝时间、实际的工程工况等因素密切相关。分别计算结构施工、运行、完建、检修工况下的应力位移。各种工况下荷载组合情况如下所示:

根据《船闸水工建筑物设计规范》(JTJ 307—2001),船闸闸室的计算分别考虑施工、完建、正常运行、检修工况等计算工况。结合湘江长沙综合枢纽船闸的具体情况,以上各种工况的最不利荷载组合为:

(1)工况1(施工工况):整体坞式结构采用底板预留宽缝的施工方案。该施工方案能有效减少因边墩作用引起的底板拉应力。本方案中,闸室底板的建设先预留2m宽缝,待墙后回填至25m高程后浇筑宽缝。然后,再进行第二次回填至设计高程37m。具体施工步骤:

①浇筑闸室底板,预留四道2m的宽缝。
②浇筑两线船闸的闸室墙至37m高程。
③墙后砂卵石回填至25m高程。
④浇筑底板宽缝的混凝土,使底板成为一个整体。
⑤再进行船闸后砂卵石及耕植土回填37m高程。

施工工况的荷载主要是混凝土结构自重和回填土自重。取重力加速度10N/kg。

(2)工况2(完建工况)荷载组合如下:
①结构及回填土自重:取重力加速度10N/kg。
②活荷载:均匀地加载到闸墩顶面上,其值为3000N/m²。

(3)工况3(正常运行工况)荷载组合(图2-3)如下:

正常运行工况时,上游水位为29.7m,下游水位为20.4m。此时,船闸上游水位为29.7m,闸室内水位为29.7m,下游水位为20.40m,墙后排水管顶部水位为23.00m,按照1∶200放坡,所选择的第7结构段的墙后水位为22.42m。

①结构自重:取重力加速度10N/kg。
②活荷载:均匀地加载到闸墩顶面上,其值为3000N/m²。
③水流力、地震力不考虑。
④波浪力在静水位基础上加0.5m的水位进行考虑。
⑤静水压力水头:闸室内15.8m;闸室外4.40m;水体重度取值10000N/m³。

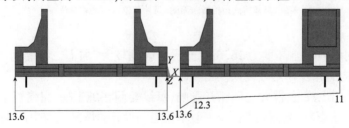

图2-3 闸室结构横断面图运行工况底板扬压力示意图(单位:MPa)

⑥扬压力:按照《混凝土重力坝设计规范》(DL 5108—1999)中附录B的公式计算。

⑦船舶荷载在一线船闸右侧和二线船闸左侧闸室墙水面处施加指向闸室外侧的300000N的船舶撞击力,并参照《船闸水工建筑物设计规范》(JTJ 307—2001)按照分布长度作用在船闸上。

(4)工况4(检修工况)荷载组合(图2-4)如下:

检修工况时,上游水位为29.7m,下游水位为26.16m。此时船闸上游水位为29.7m,闸室内无水,下游水位为26.16m,墙后排水管顶部水位为23.00m,按照1:200放坡,所选择的第7结构段的墙后水位为22.42m。

①结构自重:取重力加速度10N/kg。

②活荷载:均匀地加载到闸墩顶面上,其值为3000N/m²。

③水流力、地震力不考虑。

④波浪力在水位基础上加0.5m的水位进行考虑。

⑤静水压力水头:闸室内0m;闸室外:10.43m,水体重度取值10000N/m³。

⑥扬压力:按照《混凝土重力坝设计规范》(DL 5108—1999)中附录B的公式计算。

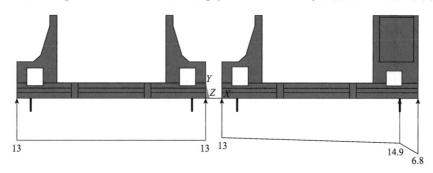

图2-4 闸室结构横断面图检修工况底板扬压力示意图(单位:MPa)

2.4.2.1 几何模型建立

通过建立船闸的二维模型对闸室整体坞式结构进行分析。为了分析方便,同时考虑边界的选取不对结果产生影响,建立模型时约定:在本模型中,以垂直于水流方向指向一线船闸为X正向,竖直向上方向为Y正向。闸室整体坞式结构几何模型如图2-5所示。计算模型中,采用平面单元PLANE42进行模拟,船闸结构的C25混凝土材料本构关系采用线弹性模型进行模拟,由于本章主要考虑弹性模量的统计分布对船闸结构的影响,因此将土体材料也考虑为线弹性材料。各材料参数见表2-3。

各材料参数一览表　　　　表2-3

材料	弹性模量(Pa)	泊松比	密度(kg/m³)
微风化花岗岩	2×10^{10}	0.20	—
中风化花岗岩	1.15×10^{10}	0.25	—
强风化花岗岩	0.5×10^{9}	0.35	—
全风化花岗岩	4.5×10^{8}	0.35	—

续上表

材料	弹性模量(Pa)	泊松比	密度(kg/m³)
砂卵石	1.3×10^8	0.3	—
C15 混凝土	2.2×10^{10}	0.2	2400
C25 混凝土	2.8×10^{10}	0.2	2500
回填砂卵石	1.0×10^8	0.3	2000
回填耕植土	7.5×10^6	0.3	1800

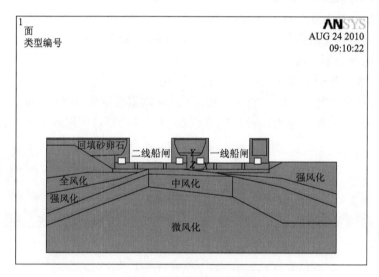

图 2-5　闸室结构段几何模型

2.4.2.2　模型边界条件

模型的底面已经为基岩,因此设为全约束。由于模型的左右两侧在船闸两侧方向选取足够长,不考虑 X 方向位移,左右两侧均约束 X 方向,允许 Y 方向变形。根据类似工程的经验,地基计算范围 X 向约取 4 倍闸室底轮廓宽度,即 200m, Y 向约取 76m。

2.4.2.3　结构地基接触模拟

船闸结构-土接触面的模拟由于船闸与墙后的回填砂卵石的变形及强度特性相差较大,填土施工过程中,桩土界面可能会产生滑移。为了模拟船闸与土相互作用,在船闸和土体之间设置无厚度接触单元,以模拟船闸-土的相互作用。

船闸结构与土体接触模型建立的主要过程为:①识别接触对。②指定接触面和目标面。③定义目标面。④定义接触面。⑤设置单元关键选项和实常数。⑥施加必需的边界条件。⑦求解接触问题。

本节在建立船闸与土相互作用的接触模型时,分别建立了船闸底板与地基的接触对和闸室墙与回填砂卵石的接触对。建成两种介质的接触模型后,接触面的正确与否十分重要,一般接触面的法线需要指向外侧的法向。如果法向定义错误,可能导致计算结果不收敛或者错误。

2.4.3 计算结果分析

2.4.3.1 底板恒载应力计算分析

1)施工工况底板应力

结合船闸闸室底板的温度应力分析可知,底板的温度应力峰值均出现在船闸施工期。船闸闸室底板在施工浇筑过程中出现两个温度应力峰值:第一次峰值出现在每层底板混凝土浇筑后的38d左右(混凝土膨胀期);第二次峰值出现在底板混凝土浇筑后的250d左右(混凝土收缩期)。结合船闸底板的实际施工情况,其对应的施工状态如下:

(1)施工状态一(混凝土浇筑后38d左右):船闸闸室中底板和侧边底板已浇筑,边墩未浇筑,中底板与侧边底板的宽缝未浇筑;此时底板应力图如图2-6所示,底板的最大拉应力为0.036MPa,发生在二线船闸底板上表面中部。

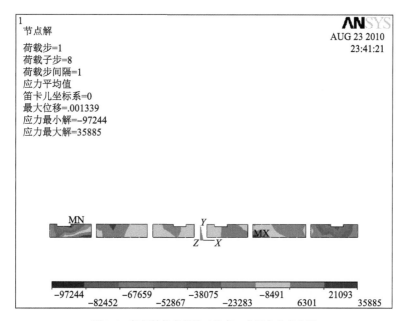

图2-6 船闸结构底板施工状态一水平方向应力图

(2)施工状态二(混凝土浇筑后250d左右):船闸闸室中底板与侧边底板的宽缝以及闸室墙已浇筑,墙后回填至25m高程。结构在合缝后,底板的应力值云图如图2-7所示,底板的最大拉应力为1.07MPa,发生在二线船闸底板上表面中部;在底面右侧产生最大压应力,其值为0.67MPa。

2)其他工况下底板应力

综合分析船闸闸室底板在完建工况、检修工况和正常运行工况下的恒载应力,底板在正常运行工况下应力值最大。

运行工况下船闸底板应力示意图如图2-8所示,底板的最大拉应力为1.40MPa,发生在二线船闸中底板两侧;在底面下表面产生最大压应力,其值为0.606MPa。

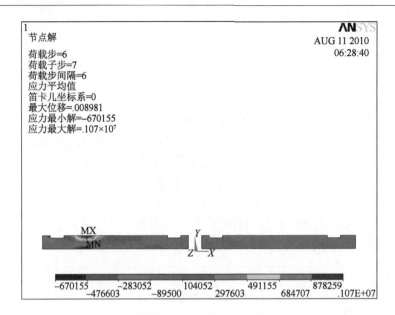

图 2-7　船闸结构底板施工状态二水平方向应力图

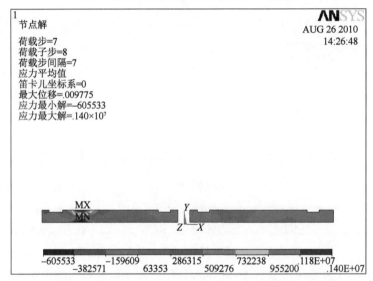

图 2-8　船闸结构水平方向应力图（运行工况）

2.4.3.2　底板控制应力

根据施工期底板温度应力的计算结果，将恒载应力和温度应力进行叠加，分别在 4 月与 7 月施工浇筑时对底板应力值进行计算。

对比分析结构在考虑温度应力的施工工况和其他三种基本工况的计算结果，结构在运行工况下底板的最大拉应力为 1.40MPa，再与运行工况下底板的温度应力进行叠加，上表面的应力最大值为 1.68MPa，大于施工工况的拉应力值。因此，控制应力主要由运行工况控制。施工工况下船闸结构的温度应力小于考虑温度应力时的 1.75MPa。分别从 4 月和 7 月开始施工，控制截面的应力图如图 2-9 所示。

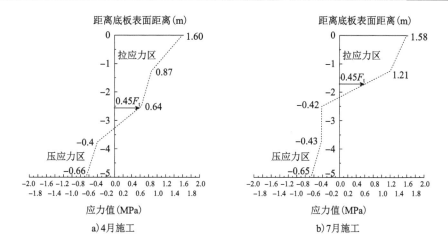

图 2-9 船闸整体坞式结构闸室控制截面底板应力图

根据应力图形,按《水工混凝土结构设计规范》(SL 191—2008)中的非杆件体系钢筋混凝土结构的配筋计算原则对底板进行配筋,截面主拉应力在配筋方向投影的总面积扣除其中拉应力值小于 $0.45F_t$ 后的图形面积,但扣除部分的面积不宜超过总面积的 30%。

选取图 2-10 所示的底板截面 A 至截面 H 的温度应力和底板恒载应力进行计算。闸室底板各截面的应力配筋图位置如表 2-4 所示,对比 4 月施工和 7 月施工两种情况,并从两个不同的施工状态中取较大的应力值绘制配筋应力图。

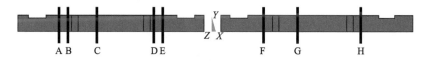

图 2-10 船闸整体坞式结构闸室底板配筋截面位置示意图

船闸整体坞式结构闸室底板应力配筋 表 2-4

截面	状态	配筋应力图		
		温度应力图	恒载应力图	应力配筋图
A(4)	1	船闸SX温度应力图	船闸SX恒载应力图	船闸SX应力配筋图

续上表

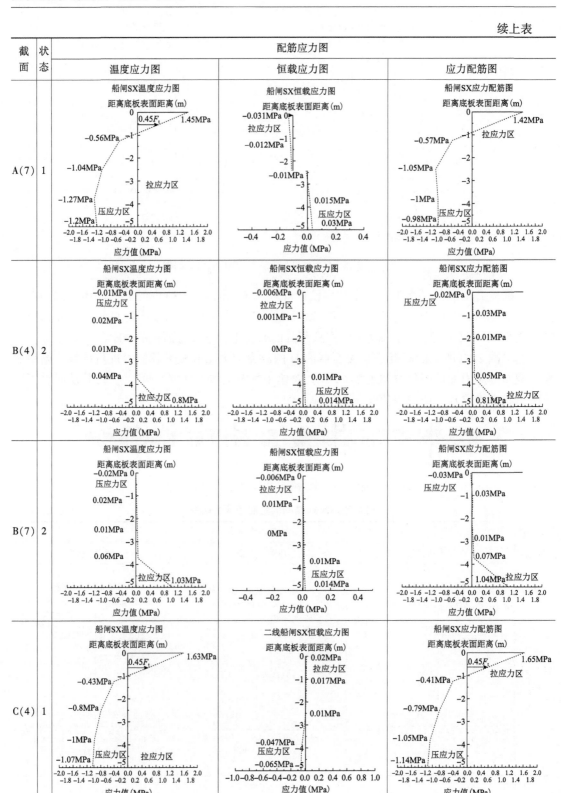

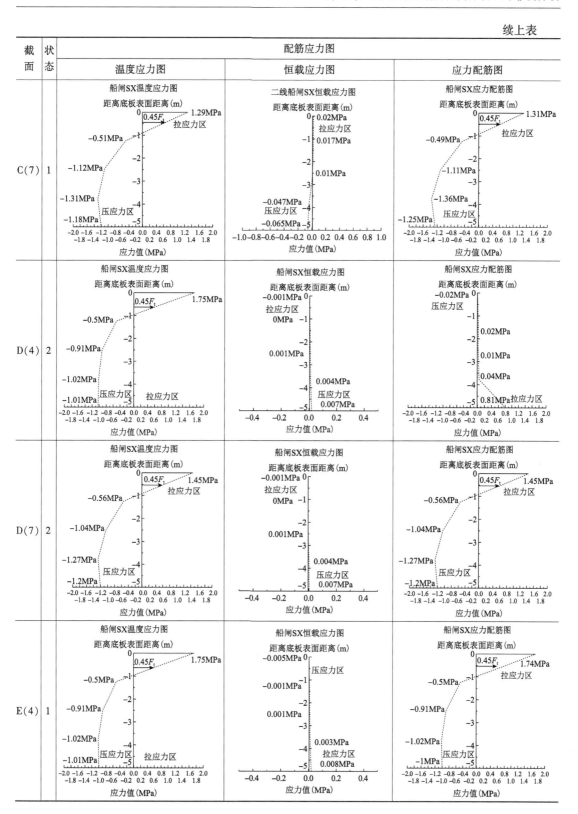

续上表

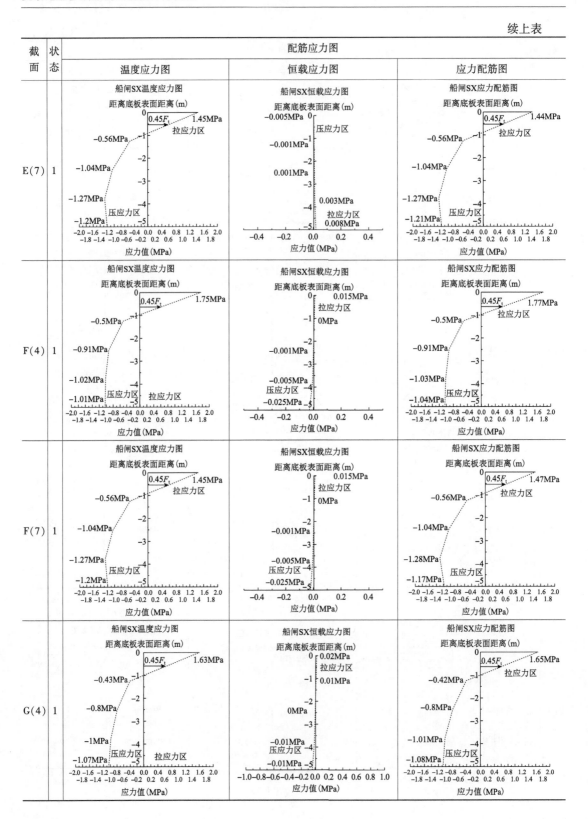

续上表

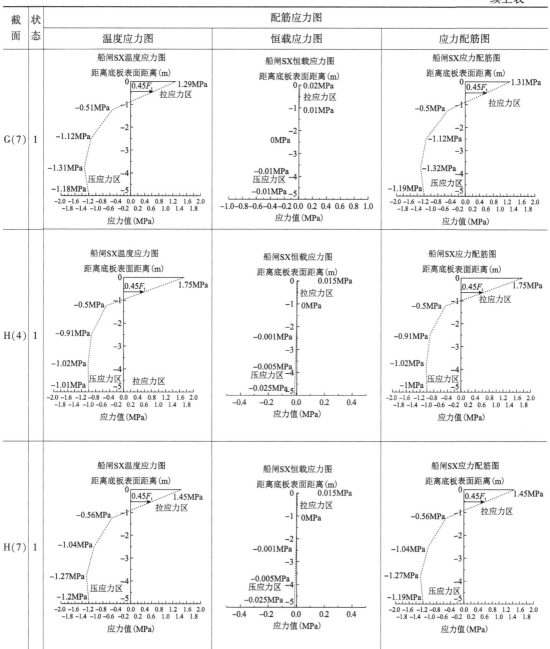

注：截面号后面的括号中数字表示施工月，第二列中数字1表示控制应力值出现时间为施工期，数字2表示应力值出现时间为完建期。

2.4.3.3 局部应力分析

1) 闸室墙折线顶点附近应力分析

闸室结构的折线顶点附近（输水廊道顶部4m左右），主要受墙后土压力的作用，由于闸室两侧的地质条件较差，存在一定厚度的全分化层，结构向两侧的不均匀沉降比较明显。在基本工况中,检修工况闸室墙中部折线顶点处竖向拉应力值如表 2-5 所示,分析控制点的位置如图 2-11 所示(黑点,下同)。闸室墙顶部土压力均为零,表明船闸结构墙后回填土与闸室墙之间有一定程度的分离现象。

船闸闸室墙中部折线顶点截面应力值(单位:MPa)　　表 2-5

位置	二线船闸左侧闸室墙		二线船闸右侧闸室墙		一线船闸左侧闸室墙	
	左侧	右侧	左侧	右侧	左侧	右侧
应力值	-0.266	-0.264	-0.547	-0.257	-0.255	-0.296

2)输水廊道应力分析

船闸输水廊道的应力值均较小,检修工况下相对较大,二线船闸左侧闸室墙输水廊道的应力值较大,应力分布如图 2-11 所示。

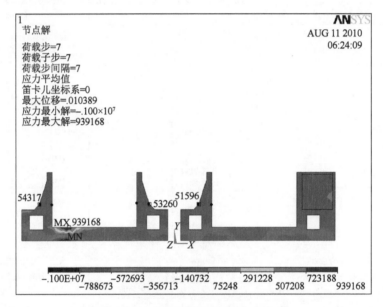

图 2-11　船闸整体坞式结构输水廊道应力图

检修工况下,各个闸室墙输水廊道顶部的应力值如表 2-6 所示。

船闸闸室墙输水廊道顶部应力值(单位:MPa)　　表 2-6

位置	二线船闸左侧闸室墙		二线船闸右侧闸室墙		一线船闸左侧闸室墙	
	上表面	下表面	上表面	下表面	上表面	下表面
应力值	0.065	-0.133	0.034	-0.210	0.030	-0.202

2.4.3.4　位移计算结果分析

在恒载情况下,采用如图 2-12 所示的控制点的位移进行分析。

结构的最大位移发生在运行工况,运行工况下各个闸室墙顶部位移如表 2-7 所示。

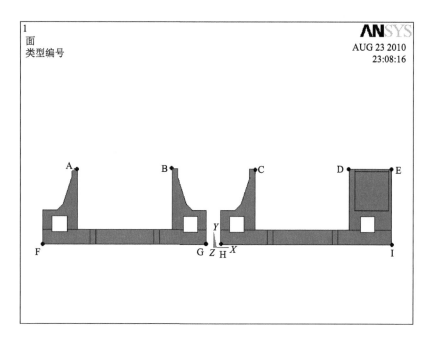

图 2-12 船闸整体坞式结构位移控制点示意图

船闸闸室顶部位移(单位:mm)　　　　　　　　　　　表 2-7

位置	A	B	C	D	E
水平位移(U_X)	-5.269	-0.199	0.239	4.781	4.808
竖向位移(U_Y)	-4.095	-1.132	-1.140	-3.062	-5.499

船闸从左至右各趾点的位移如表 2-8 所示,二线船闸左侧闸室墙由于底部存在全风化层,竖向位移值比前趾大 8.162mm,不均匀沉降明显;一线船闸右侧闸室墙位移值比左侧的位移值大 5.011mm。两个闸室的位移趋势主要受地质条件影响。

船闸闸室趾点位移(单位:mm)　　　　　　　　　　　表 2-8

位置	F	G	H	I
竖向位移	-9.189	-1.027	-1.025	-6.036

2.4.3.5　地基反力分析

各种基本工况下,闸室底部的地基反力值均为正值,底部和地基不发生脱离现象。其中,运行期的地基反力值如图 2-13 所示,二线船闸左侧闸室墙前趾与后趾的地基反力值为 0.385MPa、0.321MPa;一线船闸左侧闸室墙前趾与后趾的地基反力值为 0.279MPa、0.405MPa。整体坞式结构的地基反力值分部比较均匀。各闸室地基反力最小值与最大值的比值小于 1:2,满足规范要求(比值小于 1:5)。船闸地基反力值最大值为 0.405MPa,小于地基承载力。

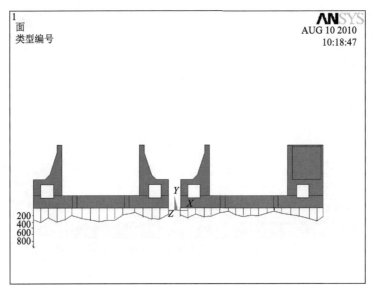

图 2-13　船闸整体坞式结构运行工况地基反力图

2.5　船闸闸室结构可靠性分析

在常用的可靠度分析方法中,蒙特卡罗法是一种比较好的方法,原因在于它能够直接、简单地采用数学方法进行可靠度分析,这就是它相比 JC 法、中心点法的优势所在。但蒙特卡罗法同样存在不足,其实现需要依赖大量统计数据进行分析,然而在工程实际中,一些实际因素的制约,使得大量获取分析所需要的数据又比较困难。计算机性能的不断进步使得有限元方法等工程结构数值分析方法得到前所未有的发展。利用计算机可以实现对工程结构的多次分析,这样就能够获得大量蒙特卡罗法所需要的统计数据,蒙特卡罗法在实际工程应用中的难题得到较好的解决。所以,近年来随机有限元法成为工程结构分析,尤其是结构可靠度分析方面的常用方法。

为此,本节采用大型有限软分析软件 ANSYS 中的概率设计系统模块(PDS),利用有限元分析方法对长沙综合枢纽工程船闸结构进行多次重复计算,获得大量的统计分析数据。采用蒙特卡罗取样方法,对统计数据进行分析,从而获得各输入变量的相关性、输入变量对输出变量的灵敏度分析。

2.5.1　随机有限元分析方法

根据随机有限元控制方程获取方式的不同,可以将随机有限元分析方法分为:摄动随机有限元法、Taylor 展开随机有限元法、蒙特卡罗法、Neumam 展开随机有限元法、验算点展开随机有限元法。

摄动技术最开始是用在非线性分析中。Anderson 通过采用摄动技术成功解决了随机介质结构分析中的问题,这标志着摄动法结合有限元分析法能够较好地解决可靠性问题。摄动随机有限元方法作出了随机变量在均值处发生较小的摄动这一基本假设,通过采用 Taylor 级数展开的方法,使得随机变量由随机部分和确定性部分组成,是将非线性的控制方程转化为线性的方程。

Taylor 展开随机有限元法也是一种较好的随机有限元分析基本方法。其基本思路是,将有限元格式中的控制量在随机变量均值点处进行 Taylor 展开,经适当的数学处理得出所需计算式。TSFEM 公式推导简单明了,尤其是一阶 TSFEM。由于一阶 TSFEM 只需一次形成劲度矩阵,效率较高。但需注意的是,一阶 TSFEM 在控制量展开式中忽略了二阶以上高次项,使 TSFEM 对随机变量的变异性有所限制。经验表明,一阶 TSFEM 是所有 SFEM 中效率最高的方法。不过,由于 TSFEM 有其简单明了、效率高的特点,为许多学者采用,获得了不少有益的经验。

蒙特卡罗法直观、精确,是一种能有效解决非线性问题的随机抽样统计分析法。虽然有人为提高计算效率,在蒙特卡罗随机模拟过程中用了快速傅里叶变换技术,但结果仍表明蒙特卡罗随机有限元法计算效率较低,难以应用于大型工程。

直到 20 世纪 80 年代后期,人们将 Neumann 展开式应用于基于蒙特卡罗法的有限元概率分析,提出了 Neumann 展开随机有限元法,才使蒙特卡罗法与有限元法较完美地结合。Neumann 展开式的引入实质上是为了解决矩阵求逆的效率问题。如果对每一次随机抽样,只需形成劲度矩阵,进行前代回代及矩阵的乘法和加法(减法)运算,而无须进行劲度矩阵的分解,则势必可以大大减少工作量。

验算点展开随机有限元法计算可靠指标的关键是功能函数梯度的计算。

2.5.2 蒙特卡罗法及其在 ANSYS 中的实现

2.5.2.1 蒙特卡罗法基本原理

对于某一工程结构,它的某一个评价指标 Z 的实际值大于它的容许值$[Z]$时,通常认定它为失效。同样,当采用蒙特卡罗法对结构进行结构可靠度分析时,其失效概率即可表示为:

$$P_f \approx \frac{n(Z>[Z])}{N} \tag{2-23}$$

式中:$n(Z>[Z])$——Z 的实际值大于其容许值$[Z]$的次数。

与常规的可靠度方法不同,蒙特卡罗法是通过对结构进行有限元分析来求取功能函数 Z 的值,不是通过功能函数进行计算。有限元法是使用离散的单元代替实际的结构物,并在此基础上对结构求取各单元的应变、应力及其他的响应。

基于有限元法可靠度分析的原理为:对影响工程结构行为的基本随机变量进行抽样,并对以此抽样值形成的工程结构进行有限元分析求解指定指标 Z 值,如此循环进行 N 次,对 N 个 Z 值进行统计分析,求解工程结构可靠度。

2.5.2.2 蒙特卡罗抽样方法

在 ANSYS 软件中利用 GUI 方式或输入命令流选择蒙特卡罗法后,软件要求用户在进行抽样时选择所使用的方法。应当说,这里选择的抽样方法应为抽样技术(Sampling Technique),属于试验设计中的抽样设计。而并非蒙特卡罗法中已知随机数后,对服从分布特征的变量抽取相应随机变量值的方法。其主要任务是设计合理的采样点。此处 ANSYS 中提供可供选择的方法有三种:直接抽法、拉丁超立方法和用户自定义法(User Specified Sampling),本节将采用拉丁超立方法进行分析。

拉丁超立方法在蒙特卡罗法抽样中是一种更为有效的方法。这种方法和直接抽样法的不同在于它有着记忆的功能。也就是说,这种方法可以避免产生和以前抽样结果相同的样本。在拉丁超立方技术中,输入变量的取值区域被分为 n 个区间,每一区间出现的概率相等(这里的 n 指的是抽样点的数目)。对于 n 个区间中的每一部分,在抽样的过程中只被用到一次。由于每个抽样的样本分别被这些区间限制,因此这些所抽取的样本不会相互重合。这也是拉丁超立方法具有记忆功能的原因。对于在拉丁超立方法中样本在这些区间中的定位,有下面几种情况:

(1)随机定位,也就是样本值在区间中的位置是随机的,主要和样本的分布特征有关系。

(2)中间定位,这时样本值取分布函数在该区间中概率为一半时的值。

(3)均值定位,样本值取该区间中分布函数在该区间的均值。

2.5.2.3 ANSYS 中可靠性分析过程

在 ANSYS 软件中 PDS 模块为用户提供了进行结构可靠性分析的开发平台。本节利用面向对象程序设计技术,基于数值模拟方法编制 APDL 语言程序进行可靠性分析。分析可采用批处理方式(命令流文件)和交互式 GUI 方式(图形界面)或两者结合进行。由以下主要步骤组成:生成分析文件、可靠性分析阶段、可靠性结果输出阶段。可靠性分析过程及主要的数据流向如图 2-14 所示。

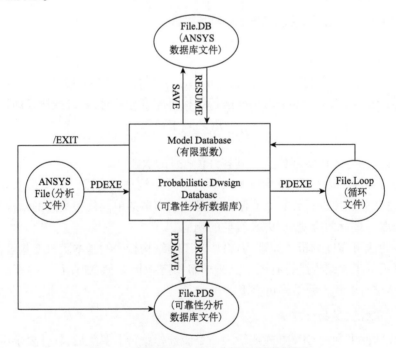

图 2-14 可靠性在 ANSYS 中分析过程及数据流向

2.5.3 坞式结构可靠度分析

2.5.3.1 可靠度分析随机变量的确定

根据依托工程的实际情况,由于船闸结构所处地质环境的复杂性和现有岩土本构模型的模糊性,本节采用连续介质模型来建立模型,船闸结构分析的不确定性主要由地基中的微风化花岗岩、中风化花岗岩、强风化花岗岩、全风化花岗岩的物理力学性质决定。风化程度及裂隙分布对这些地基介质的参数影响较大。采用随机-模糊法对船闸地基参数进行统计分析,同时考虑工程重要性、岩石完整性等因素,地基中各岩层参数如表2-9所示。

船闸地基各岩层参数表　　　　　　　　　　表2-9

岩层名称	弹性模量均值 $\bar{x}$(MPa)	标准差 σ(MPa)
微风化花岗岩	2×10^{10}	3.9×10^{9}
中风化花岗岩	1.15×10^{10}	2.8×10^{9}
强风化花岗岩	0.5×10^{9}	0.1×10^{9}
全风化花岗岩	4.5×10^{8}	1.3×10^{8}

2.5.3.2 船闸可靠性分析

根据依托湘江长沙综合枢纽工程设计资料,对闸室坞式结构段中的第7结构段进行可靠性分析。可靠性分析文件的生成过程如下:

(1)可靠性分析文件必须采用参数化建模,以下为本节所使用的参数,将输入变量初始值取为均值。

```
*create,section5,pdan          ! 生成可靠性分析文件"section5"
*SET,WEIFENGHUA,2e10           ! 定义微风化花岗岩弹性模量
*SET,ZHONGFENGHUA,1.15e10      ! 定义中风化花岗岩弹性模量
*SET,QUANGFENGHUA,0.5e9        ! 定义强风化花岗岩弹性模量
*SET,QIANGFENHUA,   4.5e8      ! 定义全风化花岗岩弹性模量
```

(2)进入前处理器参数化建模。

建立几何模型、单元网格划分的过程与可靠性建模的过程一样,采用参数化建模,在此不再赘述。

(3)自重应力场求解(第一步求解)。

模型建立后,首先进行自重应力场求解,这和可靠性模型是一样的。过程是在左右边界施加水平方向约束,在底部边界施加垂直方向约束,施加重力加速度,然后执行牛顿拉普拉斯求解,不再详述。

(4)施加运行工况组合中的各种荷载,求解(施工过程)。

(5)提取可靠性分析结果。

本节提取闸室墙顶部的位移作为控制变量1,定义为变量 UMAX1,并将排序后的最大位移值赋予 UMAX1 变量,选取闸室底板的最大水平应力作为控制变量2,定义为变量 SMAX。

```
    SET,LAST
    ESEL,S,MAT,,7
    NSLE,S
    NSEL,R,LOC,Y,27.6
    NSORT,U,X
     *GET,UMAX1,SORT,,MAX        ！将所选结点最大位移赋予 UMAX1
    ESEL,S,MAT,,7
    NSLE,S
    NSEL,R,LOC,Y,0,6
    NSORT,S,X
     *GET,SMAX,SORT,,MAX         ！将所选结点最大应力赋予 SMAX
```

(6) 执行船闸可靠性分析。

ANSYS 软件的可靠性分析,提供了多种变量分布,如正态分布、对数分布、指数分布、三角分布、平均分布和威布尔分布等。如果输出变量的随机性是由多个独立的随机变量之和引起的,则可认为该输出变量服从正态分布,材料的强度、几何尺寸、构件的自重通常服从正态分布。如输出变量的随机性是由很多独立的随机变量之积引起的,且每个随机变量的影响都很小,则可认为该输出变量服从对数分布,结构抗力和载荷通常可认为服从对数分布。指数分布经常用来描述结构上动荷载的时间间隔等随机现象。威布尔分布通常用来处理材料的疲劳和断裂等问题。通过地质参数的分析,得到地基的均值及标准差,本节将指定船闸地基参数的输入变量的分布形式为正态分布形式。

```
    ！指定输入变量
    PDVAR,E1,GAUS,2E10,4E9         ！定义微风化花岗岩弹性模量为高斯分布
    PDVAR,E2,GAUS,1.15E10,2.3E9    ！定义中风化花岗岩弹性模量为高斯分布
    PDVAR,E3,GAUS,0.5E9,0.1E9      ！定义强风化花岗岩弹性模量为高斯分布
    PDVAR,E4,GAUS,6E8,0.12E8       ！定义全风化花岗岩弹性模量为高斯分布
    ！指定输出变量
    PDVAR,UMAX1,RESP               ！定义 UMAX1 为输出变量
    PDVAR,SMAX,RESP                ！定义 SMAX 为输出变量
    ！执行概率分析操作
    PDEXE,,SER,0
```

2.5.3.3 船闸结构可靠性计算结果分析

(1) 概率分布函数的绘制。

蒙特卡罗模拟技术对于有限元模型的适用性较好,但计算的前提是确定性模型的计算必须正确,并且仿真循环的次数必须足够多,这样得出的概率设计结果才是正确的。在使用蒙特

卡罗模拟技术时，不可能进行无限多次循环模拟，所以应进行有限次数的循环模拟，这些有限次数的模拟足够代表实际问题，从而确保概率分析结果具有很高的置信度[5]。

对船闸结构采用蒙特卡罗方法计算500次，各个随机变量通过蒙特卡罗模拟法中的Latin-Hypareube抽取样本。具体的实现过程主要是由ANSYS程序根据蒙特卡罗原理，在四种岩基材料的均值附近抽样选取参数值进行计算，程序将记录每一参数的取值以及每一参数组合后得到的输出变量样本。坞式结构可靠性分析中的输入变量和输出变量的样本的统计历史如图2-15所示。

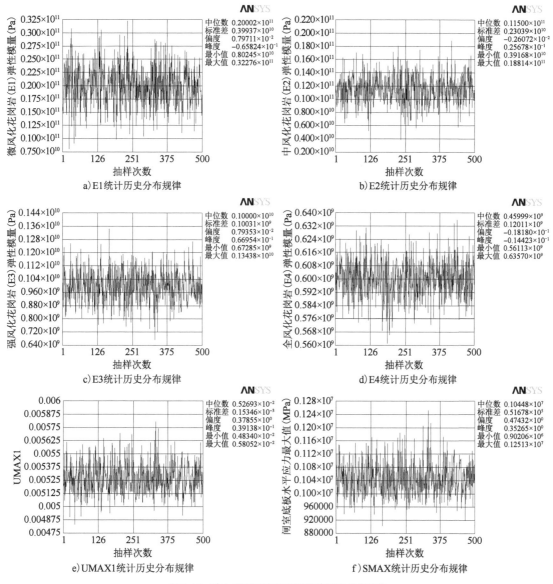

图2-15 输入变量和输出变量统计历史分布规律

对图2-15中每一次样本的取值进行统计分析，便可以得到输入变量和输出变量的统计直方图。湘江长沙综合枢纽工程船闸地基所选择的4个输入变量计算过程中的统计直方图如

图 2-16～图 2-21 所示,通过柱状图也可判断模拟次数是否足够,若柱状图从图形上看靠近分布函数曲线,不存在跳跃及较大间隙,则表明模拟次数足够,各参数的统计特征如假设的一致,计算次数满足分析要求。

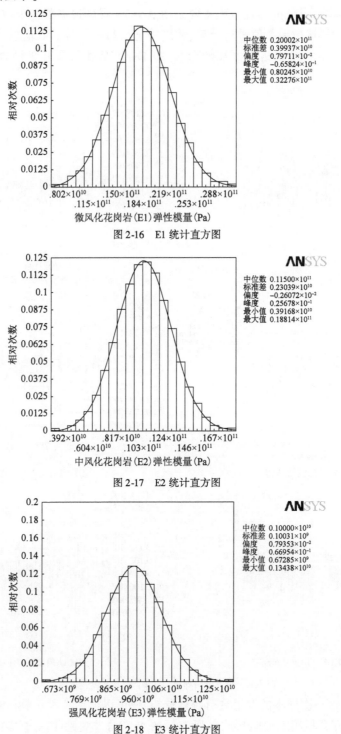

图 2-16　E1 统计直方图

图 2-17　E2 统计直方图

图 2-18　E3 统计直方图

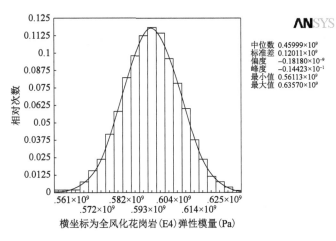

图 2-19　E4 统计直方图

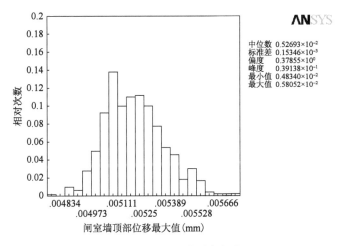

图 2-20　UMAX1 统计直方图

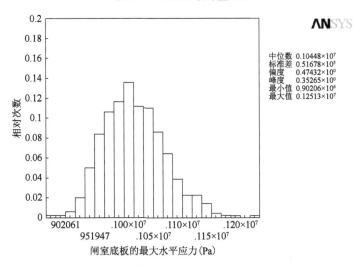

图 2-21　SMAX 统计直方图

（2）输入变量、输出变量之间关系。

在 ANSYS 软件中的 PDS 模块处理可以绘制任何两个设计变量之间的散点图,用于体现任意两个设计变量之间的分布关系。通过大量的统计计算,可以绘制输出变量和输入变量的散点图,来反映两者之间的分布关系。同时也能够反映两个变量之间的相关关系,图 2-22 说明船闸闸室墙顶部位移 UMAX1 与 E3（强风化岩）相关性最强,次之为 E4（全风化岩）。由图 2-23 可以看出,船闸底板的应力值与 E3（强风化岩）的所有散点图几近为一条直线,说明相关关系最强。图中拟合出的每条关系曲线的斜率正负值表示输出变量和输入变量之间相关性的正负。输出变量和输入变量的相关矩阵图如图 2-24 所示。由相关矩阵图可以看出,闸室墙顶部位移 UMAX1 与强风化岩基全风化岩均为负相关性,相关系数分别为 -0.822、-0.305,船闸底板最大的应力值与强风化岩也是负相关,相关系数为 -0.978。

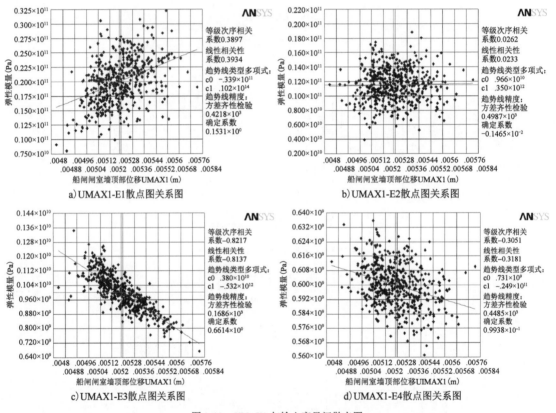

图 2-22　UMAX1 与输入变量间散点图

（3）灵敏度分析。

灵敏度分析又称敏感性分析。正确掌握船闸结构中这些参数对计算结果的影响,将有助于给出设计参数的选取原则,指导勘测、试验及施工控制点的布设,提高结构可靠度和参数反演分析的计算效率。在设计船闸结构时,应对不确定性因素的可能变化范围做进一步分析,同时确定这些参数发生一定幅度的变化时,对所设计的船闸结构会带来的影响,以便在勘探设计阶段就对各种较为敏感因素的取值做严格控制,并对施工阶段各种因素的变化对船闸结构产生的影响做出预测。

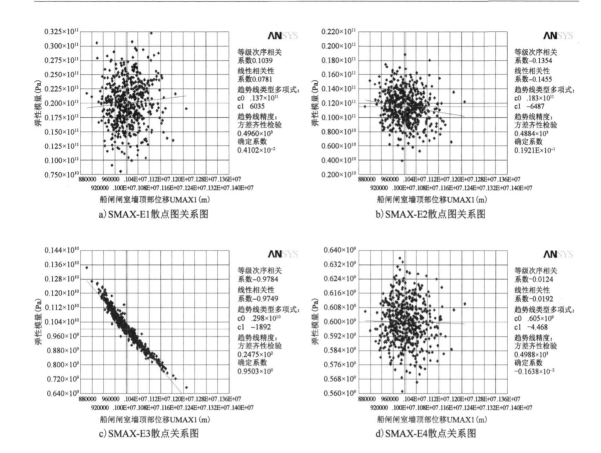

图 2-23 SMAX 与输入变量散点图

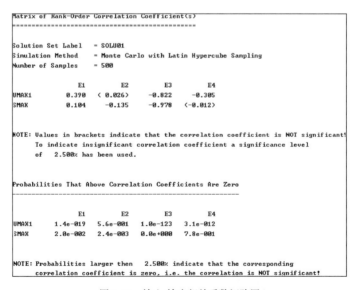

图 2-24 输入-输出相关系数矩阵图

可靠性分析中的灵敏度分析是基于所有随机输入变量和特定的随机输出变量之间的相关系数而得到的。根据对特定输出随机变量的影响程度,随机输入变量分为两大类:一类是重要影响变量,另一类是非重要影响变量。通过灵敏度分析,可以得到每一特定的输出变量的影响敏感因素。

本节将采用条形图和饼状图相结合表示形式,在条状图中,对结果影响最大的随机输入变量出现在最左边,其他的依次向右排列。灵敏度是有符号的,正值表示随机变量随着输入变量增加而增加,负值表示二者反向变化。而在饼状图中,最重要的随机输入变量出现在钟表面12点后的位置,其他的按照顺时针方向依次排列。

在显著性水平为0.025的情况下,由图2-25和图2-26可以看出,对船闸闸室墙顶部位移UMAX1影响最大的为E3(强风化花岗岩)、E1(微风化花岗岩)和E4(全风化花岗岩),其中E3对闸室顶部的位移影响百分比为57.44%,E1的影响百分比为22.52%、E4的影响百分比为19.37%,并且与两者都是负相关的。底板应力影响最大的为E3(强风化花岗岩),影响百分比为78.66%。虽然全风化花岗岩的弹性模量比强花岗岩小,从可靠性分析的结果看,影响结构位移和应力最大的为强风化花岗岩。虽然表层的全风化花岗岩的地质参数比较小,但是由于其厚度相比强风化花岗岩要小,所以对两个输出变量影响最大的都是强风化花岗岩。

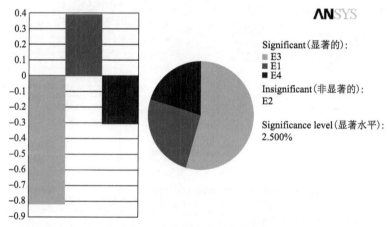

图2-25 UMAX1与输入变量灵敏度图

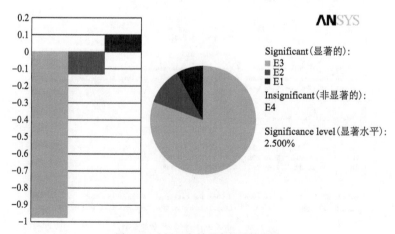

图2-26 SMAX与输入变量灵敏度图

(4) 累积函数分布分析。

图 2-27、图 2-28 所示是用于查询结构可靠性的工具。从图 2-27 中可以看出，UMAX1 小于 5.4793062×10^{-3} 的概率为 90.29%，小于 5.3993062×10^{-3} 的概率为 80.48%。从图 2-28 中可以看出，SMAX 小于 1.1148200×10^{-6} 的概率为 90.41%，小于 1.0848200×10^{6} 的概率为 79.54%。计算中的详细数据表如图 2-29、图 2-30 所示。

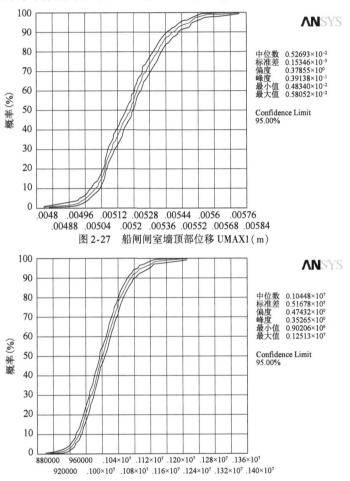

图 2-27　船闸闸室墙顶部位移 UMAX1(m)

图 2-28　闸室底板的最大水平应力 SMAX(Pa)

图 2-29　UMAX1 概率分析数据表图

```
Probability Result of Response Parameter SMAX
=============================================

Solution Set Label      = SOLU01
Simulation Method       = Monte Carlo with Latin Hypercube Sampling
Number of Samples       = 500
Mean (Average) Value    = 1.0448200e+006
Standard Deviation      = 5.1678120e+004
Skewness Coefficient    = 4.7432003e-001
Kurtosis Coefficient    = 3.5265258e-001
Minimum Sample Value    = 9.0206067e+005
Maximum Sample Value    = 1.2512646e+006

The probability that SMAX is smaller than   1.1148200e+006 is:

 Probability  [  Lower Bound,  Upper Bound]
9.04155e-001  [ 8.76323e-001, 9.27865e-001]

NOTE: The confidence bounds are evaluated with a confidence level of  95.000%.

The probability is interpolated between:
SMAX= 1.1140426e+006 which has rank 452 out of 500 samples
SMAX= 1.1151332e+006 which has rank 453 out of 500 samples
```

图 2-30　SMAX 概率分析数据表图

(5) 船闸结构可靠度指标计算。

结构在规定的时间内、在规定的条件下具有预定功能的概率称为结构可靠度。结构或结构的一部分超过某一状态就不能满足设计规定的某一功能要求时此特定状态称为该功能的极限状态,结构的极限状态可分为承载能力极限状态和正常使用极限状态两类。

结构可靠度与失效概率具有下列关系：

$$P_s = 1 - P_f \tag{2-24}$$

结构的可靠度宜采用可靠指标 β 表达。根据《水利水电工程结构可靠度设计统一标准》(GB 50199—2013),结构的可靠指标 β 与可靠度 P_s 关系如下,其中 Φ 为标准正态随机变量概率分布函数。

$$\beta = \Phi^{-1}(P_s) \tag{2-25}$$

首先在 ANSYS 分析结果中搜索结构的船闸闸室墙结构顶部位移最大的数值 UMAX1 以及船闸底板的最大水平应力值 SMAX,然后进行 $N = 500$ 次的 ANSYS 可靠性模拟中,采用超拉丁方法(LHS)进行抽样,采用蒙特卡罗方法得出其概率分布情况,并将可靠性分析数据库文件中的数据最大导入 Excel 统计分析模块中,并与结构的抗力 s 进行比较,利用 CONTIF 函数统计失效次数 n = CONTIF(range, "R < S"),从而计算出失效概率 $P_f = n/N$,然后通过函数 NORMSINV 求解出可靠度指标 $\beta = -$ NORMSINV(P_s)。

在正常使用状态,当船闸结构顶部位移的限定值 UMAX1 为 5.6mm,船闸底板的最大水平应力值 SMAX 为 1.12MPa 时,对船闸结构可靠度分析的数据库进行分析。在计算过程中,位移大于 5.6mm 的次数为 3 次,则计算的失效概率为 0.6%,可靠概率为 99.4%,可靠度指标通过式(2-25)中反正态函数的求解,可以求得可靠度指标 $\beta = 2.51$。船闸底板水平应力大于 1.12MPa 的计算次数为 29 次,结构失效概率为 5.8%,可靠概率为 94.2%,同上可以求得结构的可靠度指标为 1.571。计算统计如表 2-10 所示。

第2章 船闸闸室结构仿真分析及可靠度分析

船闸结构可靠度指标计算 表2-10

项目	模拟次数	失效次数	失效概率 P_f	可靠概率 P_s	可靠度指标 β
UMAX1	500	3	0.6%	99.4%	2.512
SMAX	500	29	5.8%	94.2%	1.571

通过蒙特卡罗法计算,可以根据变量设定值计算出对应的可靠度,在考虑复杂地基情况下,比较全面地了解结构的可靠性,以及地基条件的不确定性对船闸结构可靠度的影响。采用确定的物理力学参数,分别对完建工况、洪水工况、正常运行工况、检修工况的整体坞式结构进行计算,抗倾安全系数、抗滑安全系数、抗浮安全系数如表 2-11 所示,并对比《船闸水工建筑物设计规范》(JTJ 307—2001)的限定值。安全系数法是在结构设计时一种常用方法,能够一定程度上考虑结构中的不确定性因素给结构可能带来的不安全性,以及从总体上评估结构的安全性。但是随着工程实践和科学研究的深入,安全系数法的缺点也逐渐暴露出来,即加大结构的安全系数,不一定能按比例地增加结构的安全度,同时常规的安全系数法不能够考虑地基的复杂程度。本节探索基于有限元方法的船闸结构可靠度分析方法,一方面能够考虑结构地基及本身的复杂性,另一方面能够可以对不同结构类型、不同材料(包括岩、土)的结构可靠性进行定量的比较。

整体坞式船闸结构整体稳定计算结果 表2-11

计算情况	抗倾安全系数(K_o)		抗滑安全系数(K_c)		抗浮安全系数(K_f)	
	计算值	规范值	计算值	规范值	计算值	规范值
完建工况	39.03	≥1.10	3.94	≥1.50	—	≥1.10
洪水工况	6.79	≥1.05	3.74	≥1.40	1.60	≥1.10
正常运行工况	6.70	≥1.05	2.04	≥1.40	2.84	≥1.10
检修工况	7.35	≥1.00	1.61	≥1.30	1.75	≥1.10

2.6 小 结

船闸水工建筑物是我国内河渠化过程中的重要结构物,安全可靠、经济实用的结构是保障船闸建设的重要方面,在进行结构设计过程中,采用合适的分析方法对结构进行计算十分重要。本章采用有限元数值仿真模拟的方法,分析了船闸结构与周围回填土的相互作用,分别研究了船闸在各种荷载作用下的内力、位移特征。采用可靠度理论并结合应用概率极限状态设计,这种趋势在土木工程、水利工程中有逐步推广的趋势,通过这种方法的推广,能够较好地提高行业的设计水平。本章在应用了随机-模糊法分析湘江长沙综合枢纽工程船闸地质资料的基础上,应用有限元分析软件 ANSYS 中的概率分析 PDS 模块,采用蒙特卡罗方法,对船闸整体坞式结构闸室进行了可靠度分析。得到了以下相关结论:

(1)对湘江长沙综合枢纽工程的地质条件进行了介绍,总结了国内外对岩土地质参数的处理方法;本章采用随机-模糊方法对船闸的地质参数进行分析。随机-模糊方法科学合理,在实践中能够较好地处理船闸地基岩土参数。

(2)综合考虑了温度应力和恒载应力,对湘江长沙综合枢纽船闸工程 5m 厚的闸室底板进行了计算,底板的控制应力小于混凝土抗拉强度,船闸结构的受力受到施工步骤的影响较大。通过计算可知,整体坞式结构的地基反力值分部比较均匀。各闸室地基反力最小值与最大值的比值小于1:2,满足规范要求(比值小于1:5)。

(3)总结了蒙特卡罗法进行船闸可靠度分析的原理及过程。利用ANSYS软件,对长沙综合枢纽船闸闸室整体坞式结构进行了可靠度分析。通过对影响船闸结构行为的随机变量的抽样,并采用蒙特卡罗法对抽样结果进行了可靠度分析,得到可靠性指标,这种方法能够显著提高船闸结构可靠度分析的效率与精度。

(4)基于有限元方法的船闸可靠度分析,可以求得输出变量和输入变量的累积概率函数。结构分析中,累积函数分布图是结构可靠性分析中比较重要的图,是用于查询结构可靠性的工具,这些数据能够反映结构的安全概率。

(5)相关指标的灵敏度分析可用于指导地基基础设计中的可靠度优化。在闸室墙顶部的位移中,主要受到E3(强风化花岗岩)和E4(全风化花岗岩)影响,闸室底板的应力主要受到E3(强风化花岗岩)的影响。

本章参考文献

[1] 潘美元. 软基上坞式船闸闸室结构受力形态和可靠性研究[D]. 重庆:重庆交通大学,2009.

[2] 姚薇. 随机参数结构的动力响应分析[D]. 武汉:武汉理工大学,2007.

[3] KAHN H. Use of different monte carlo sampling techniques[C]. Symposium on Monte Carlo Methods University of Floride,1956.

[4] BAUER W F. The monte carlo method[J]. Journal of the Society for Industrial and Applied Mathematics,1958,6(4):438-451

[5] 博弈创作室. ANSYS 9.0经典产品高级分析与实例详解[M]. 北京:中国水利水电出版社,2005.

第3章 船闸闸首底板温度应力仿真

3.1 问题的提出

船闸闸首底板温度裂缝问题一直都被建设、设计和施工等部门重点关注。平行于闸轴方向的基础贯穿裂缝或深层裂缝,一旦形成以后,它的危害是十分严重的。这些裂缝破坏了结构的整体性,改变了原设计应力分布,影响了混凝土建筑物的受力条件,可能导致局部甚至整体结构发生破坏。即使是一般的表面裂缝,对混凝土的耐久性也是有损害的,温度应力和结构应力叠加,对整个结构的应力分布状态,在运行阶段具有不容忽视的影响,所以温控设计与结构设计具有同等重要的意义。

常规的设计计算方法,一般适用于地质情况比较均匀、结构比较简单的情况。而湘江长沙综合枢纽船闸工程地质条件比较复杂,船闸坐落在不同岩性的地基上,有的风化程度较深,风化层比较厚,容易发生不均匀沉降。另外,拟采用的结构形式多种多样,为减少船闸底板内力,坞式结构拟采用底板预留宽缝的施工方法,设计时应考虑分缝的位置、施工顺序、合缝时间等因素;同时,闸址气象多样、气候多变,气温骤降对结构的影响也不容忽视。但在常规设计方法中,这些因素是难以考虑和进行计算的。

近年来,迅速发展的工程结构计算机仿真技术为解决复杂船闸结构温度应力计算问题提供了有效的途径。它一般包括数值模拟和计算机图形技术两部分,数值模拟是基础和核心。之后,其又与信息论、控制论、模拟论、多媒体视景系统等现代化科学方法相结合。它具有安全、高效、受环境条件约束较少等优点,能弥补常规设计方法的不足。

为妥善解决以上问题,可通过数值仿真计算手段,充分考虑船闸复杂的地基条件、复杂的结构构造、徐变温度应力、施工过程等因素,对船闸底板结构进行计算分析,为船闸的设计、施工提供科学的依据和参考。

3.2 本章主要研究内容

本章在船闸闸首底板施工仿真计算分析的基础上,探讨了底板混凝土施工期温度应力的分布规律及影响因素,然后对工程实体进行原型观测,并通过实测资料与数值计算结果进行对比,利用遗传算法,对绝热温升规律参数进行反演,从而获取最优的计算参数,更好地模拟工程实际并预测和指导工程的下一步施工。主要包括以下几个方面的内容:

(1)利用规范中温度应力的计算方法,对船闸闸首底板进行了简要计算。总结了规范中混凝土温度应力计算方法的不足;采用标准下 ANSYS 的温度应力计算方法,对船闸闸首底板进行了计算。归纳出该种方法在混凝土温度应力计算中优点和不足。

(2)用 Compaq Visual Fortran 6.6C 语言编制了施工期徐变温度应力场的有限元计算程序。在 ANSYS 中调用 Compaq Visual Fortran 6.6C 语言编制有限元计算程序,实现了对 ANSYS 的二次开发,并通过算例验证其正确性。

(3)建立了船闸闸首底板施工仿真计算模型,分析了底板温度应力场的分布规律、随时间的变化情况以及气温骤降对施工期底板的影响,得到了一些对工程有益的结论,并反馈设计和指导施工,为类似工程提供参考。

(4)通过仿真计算资料对施工进行指导,并布置温度观测项目,观测和分析混凝土在浇筑过程中温度变化情况和稳定温度场。利用实体实测数据进行反演分析,使导温系数、表面放热系数和绝热温升规律参数等几个比较重要且实验不易确定的参数更加准确,重新建立仿真计算模型。通过对混凝土非稳定温度场和徐变应力场的计算,分析结构的温度场,并考虑徐变因素影响,研究温度应力的变化规律以及对结构的影响,使仿真计算能更好、更有针对性地指导施工。

3.3 基于规范的混凝土温度应力的计算分析

3.3.1 规范中温度应力计算理论

《混凝土重力坝设计规范》(SL 319—2005)附录 F.4 给出了坝体施工温度应力计算方法。基础浇筑块温度应力计算,主要是验证浇筑块中央部位的水平应力,以及沿基础面的剪应力。规范采用影响线法计算,即假定基础块温度应力为单连域线性弹性应力问题,分别计算浇筑温度与稳定温度之差所引起的温度应力 σ_1 和水化热温降引起的温度应力 σ_2(经论证也可考虑混凝土自身体积变形引起的应力),然后进行叠加:

$$\sigma = \sigma_1 + \sigma_2 \tag{3-1}$$

(1)浇筑温度和稳定温度的温差,为均匀温度场,其应力可用约束系数法计算:

$$\sigma_1 = K_P \frac{RE_c}{1-\mu} T_P - T_f \tag{3-2}$$

式中: K_P——由混凝土徐变引起的应力松弛系数,在缺乏试验资料时,可取 0.5;

R——基础约束系数,当混凝土弹性模量 E_c 和基岩弹性模量 E_R 相近时, R 可按表 3-1 取值,当混凝土弹性模量 E_c 和基岩弹性模量 E_R 不相等时,建议基面处 R 可按表 3-2 取值,基面以上 R 可按比例折算;

E_c——混凝土弹性模量(MPa);

μ——混凝土的泊松比;

T_P——混凝土浇筑温度(℃);

T_f——坝体稳定温度(℃)。

基础约束系数   表3-1

y/L	0	0.1	0.2	0.3	0.4	0.5
R	0.61	0.44	0.27	0.16	0.10	0

注:y——计算点离建议基面的高度(m);L——浇筑块边长尺寸(m)。

建议基面基础约束系数   表3-2

E_R/E	0	0.5	1.0	1.5	2.0	3.0	4.0
R	1.0	0.72	0.61	0.51	0.44	0.36	0.32

(2)水化热温降应力 σ_2,可将基础块各层水化热最高温升包络图作为计算温差,按影响线法计算:

$$\sigma_2 = \frac{K_P E_c \alpha}{1-\mu}\left[T(y) - \frac{1}{l}\sum A_y(\xi)T(\xi)\Delta y\right] \quad (3\text{-}3)$$

式中:E_c——混凝土弹性模量(MPa);

$T(y)$——应力计算点 y 处的温度值(℃);

$A_y(\xi)$——在 $y=\xi$ 处加一对单位荷载 $P=1$,对计算点 y 所产生的正应力影响系数;

$T(\xi)$——在 $y=\xi$ 处的温度(℃);

Δy——坐标 y 的增量(m);

α——混凝土线膨胀系数;

μ——混凝土的泊松比;

l——浇筑块边长尺寸(m)。

3.3.2 规范中对混凝土温度应力的计算

根据《水工混凝土结构设计规范》(SL 191—2008)混凝土材料的弹性模量、线膨胀系数、泊松比取值分别如表3-3所示。

混凝土弹性模量、线膨胀系数、泊松比   表3-3

参数	E_c(Pa)	α(/℃)	μ
混凝土	2.8×10^{10}	7.2×10^{-6}	0.167

基岩热力学性能参数。根据船闸地质勘察报告,湘江长沙综合枢纽船闸地基以花岗岩地基为主,花岗岩变形模量 $E=2.0\times10^{10}$Pa,泊松比 $\mu=0.25$,基岩线膨胀系数 α 值取 4.61×10^{-6}/℃。

船闸底板采用分层浇筑施工方法(每层浇筑厚度为1.5m,间歇期为7d),浇筑入仓温度控制在17℃。

将上面参数代入式(3-2)和式(3-3)得:

$$\sigma = 0.024 + 1.83 = 1.85(\text{MPa})$$

即底板中央部位的水平应力最大温度应力为1.85MPa。

3.3.3 规范中对混凝土温度应力考虑的不足

规范中用影响线法计算温度应力,是假定基础块温度应力为单连域线弹性应力问题的基础上简化求得的解。因此,对以下一些因素考虑不足。

（1）混凝土材料不是理想的弹性材料，特别是浇筑初期混凝土的塑性比较大，徐变性能比较明显，随着龄期的加长，混凝土强度不断增大，塑性和徐变性能也逐渐减弱。规范中把混凝土材料考虑为理想弹性体，引用混凝土徐变引起的应力松弛系数 K_p，是一种比较粗略的处理方法。

（2）基础块拆模后，必然会与大气接触，大气温度对于基础块温度应力的影响是一个比较复杂的问题，它不仅与工程场地的气温情况有关，而且还与场地的风速、湿度和保温材料等有关，特别是气温骤降对结构的影响不容忽视。

（3）计算中假定基础浇筑块为弹性地基梁，对于底板块一次性浇筑比较好，而对于混凝土分层浇筑的施工过程考虑不是很细致。即对于施工仿真过程的模拟，规范无法做到。

3.4 基于 ANSYS 混凝土温度应力计算分析

3.4.1 混凝土温度应力计算理论

混凝土的热传导方程如下：

$$\frac{\partial T}{\partial \tau} = a\left(\frac{\partial^2 T}{\partial x^2} + \frac{\partial^2 T}{\partial y^2}\right) + \frac{Q}{c\rho} \tag{3-4}$$

式中：a——导温系数，$a = \frac{\lambda}{c\rho}$；

x、y——方向。

导热系数 λ、比热 c、导温系数 a、重度 ρ 统称为混凝土的热性能参数，它们决定于混凝土级配、粗细集料和水泥品种等因素，通常通过试验确定。

分析混凝土体在凝固放热期间的不稳定温度场时，通常引用绝热温升来表示热源强度 Q，在绝热条件下，由于水化作用，混凝土温度上升速度为：

$$\frac{\partial \theta}{\partial \tau} = \frac{Q}{c\rho} \tag{3-5}$$

式中：θ——混凝土的绝热温升值；

τ——混凝土龄期(h)。

由式(3-5)、式(3-4)可改写为：

$$\frac{\partial T}{\partial \tau} = a\left(\frac{\partial^2 T}{\partial x^2} + \frac{\partial^2 T}{\partial y^2}\right) + \frac{\partial \theta}{\partial \tau} \tag{3-6}$$

水泥的水化热量取决于组成它的矿物成分。水化热释放速度则与水灰比、水泥温度等因素有关。一般而言，水灰比越大，水化热放出速度也越快；温度越高，化学反应越快，水化热释放速度也就越快。混凝土在龄期 τ 时的水化热和绝热温升可以采用下列方程表达式：

$$Q_\tau = Q_0(1 - e^{-m\tau}) \tag{3-7}$$

$$\theta_\tau = \theta_0(1 - e^{-m\tau}) \tag{3-8}$$

以上两式中，Q_0 为水泥的水化热总量，$\theta_0 = \frac{wQ_0}{c\rho}$ 为最终绝热温升，w 为水泥的用量，m 为常数，与浇筑温度、水泥品种及比表面积有关。

求得温度场后，可用下式求应力场，其基本方程为：

$$\left.\begin{aligned}\varepsilon_x &= \frac{1}{E}(\sigma_x - \mu\sigma_y - \mu\sigma_z) + \alpha \overline{T} \\ \varepsilon_y &= \frac{1}{E}(\sigma_y - \mu\sigma_x - \mu\sigma_z) + \alpha \overline{T} \\ \varepsilon_z &= \frac{1}{E}(\sigma_y - \mu\sigma_x - \mu\sigma_y) + \alpha \overline{T} \\ \gamma_{xy} &= \frac{2(1+\mu)}{E}\tau_{xy}\end{aligned}\right\} \quad (3\text{-}9)$$

式中:$\sigma_x,\sigma_y,\sigma_z$——大体积混凝土在 x、y、z 方向应力;

$\varepsilon_x,\varepsilon_y,\varepsilon_z$——大体积混凝土在 x、y、z 方向应变;

τ_{xy}——大体积混凝土剪应力;

μ——大体积混凝土泊松比;

E——大体积混凝土弹性模量;

α——大体积混凝土膨胀系数。

3.4.2 模型的建立及参数的选取

船闸底板采用分层浇筑施工方法(每层浇筑厚度为 1.5m,间歇期为 7d),浇筑入仓温度控制在 17℃。

1)模型的建立

(1)分析类型:本分析为热-结构的耦合分析,其中热分析按非线性温度场考虑,结构分析按平面问题考虑,采用顺序耦合法求解。

(2)地基范围:地基范围的选取沿 X 正向取 50m,负方向取 50m,沿 Y 负向取 30m,其边界按绝热考虑。

(3)有限单元分析方法将结构周围的土体作为一个整体来计算,更好地反映结构与结构、结构与土体之间的相互作用与相互影响。

(4)利用 ANSYS 中的生死单元功能来模拟船闸底板施工全过程,在船闸底板的施工仿真计算分析中,其具体实施过程如下(图 3-1)。

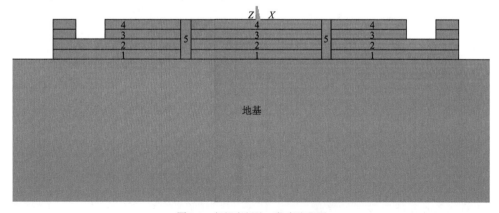

图 3-1 船闸底板施工仿真流程图

①模拟预留宽缝、底板浇筑的施工过程:此时1部分和地基处于激活状态,而2、3、4、5部分暂时处于杀死状态。

②依次激活船闸底板2、3、4部分的单元,以此来模拟分层浇筑的施工过程。

③激活5部分的单元,即模拟底板合缝的施工过程。

分别对以上每个过程进行计算,并将其结果叠加,最后得到船闸结构施工结束后的应力、应变、反力、变形等结果。

2)参数的选取

(1)气温模拟。

长沙气象站气温月平均值和年平均值见表3-4。

长沙气象站气温月平均值、年平均值表(单位:℃)　　表3-4

时间	1月	2月	3月	4月	5月	6月	全年平均
气温	4.8	6.3	11.0	16.9	21.8	25.9	
时间	7月	8月	9月	10月	11月	12月	17.2
气温	29.4	28.8	24.2	18.5	12.9	7.0	

由于气温随四季而不断变化,所以本章按气温正弦规律进行拟合,模拟施工期气温的周期性变化,根据《水工建筑物荷载设计规范》(DL 5077—1997),其表达式为:

$$T(\tau) = T_0 + T_B \sin\omega(\tau - \tau_0) + T_s \tag{3-10}$$

式中:T_0——年平均气温(℃);

T_B——月气温变幅(℃);

ω——年变化频率,$\omega = \dfrac{2\pi}{365}$;

τ——计算时刻至坐标零点的天数差;

τ_0——温度年变化曲线平均值处,距坐标零点的天数差;

T_s——太阳热辐射的温度修正值,参考类似工程取,$T_s = 2$℃。

由上式可得,船闸闸首底板4月开始施工时的大气温度图形,如图3-2所示。

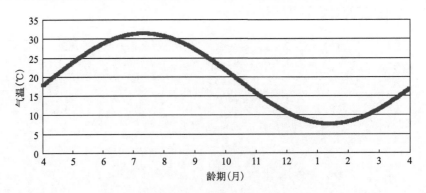

图3-2　长沙综合枢纽船闸工程施工期气温示意图

(2)地基基础初始温度场的简化。

根据一些工程实例,在深度5.0m以下,地基温度接近年平均气温,10.0m以下基本上是年平均气温,所以在进行温度场计算时,采用如下的方式考虑地基的温度场:初始地温场,地基表面初始温度取为起算时刻的气温,深度10.0m以下取为多地基的年平均地温,两者之间的地基初始温度按牛顿插值计算。

3)混凝土的热学和力学性能参数

(1)水泥水化热。

根据《水工混凝土结构设计规范》(SL 191—2008)附录G.0.5,累积水化热一般可用下列表达式拟合:

$$Q_\tau = Q_0[1 - \exp(mt^n)] \tag{3-11}$$

式中:τ——龄期(h);

Q_0——最终绝热温升;

m、n——常数,m 取 0.79,n 取 0.70。

(2)混凝土热力学性能参数。

根据《水工混凝土结构设计规范》(SL 191—2008)附录G.0.3,混凝土材料的比热、混凝土线膨胀系数、导热系数及放热系数取值分别如表3-5和表3-6所示。

混凝土导热系数、线膨胀系数和比热表 表3-5

参数	$\lambda[kJ/(h\cdot m\cdot ℃)]$	$\alpha(/℃)$	$c[kJ/(kg\cdot ℃)]$
混凝土	10.6	7.2×10^{-6}	0.96

混凝土放热系数表 表3-6

散至水流	∞
散至空气(0~2)	48.9
散至宽缝、竖井等(2~5)	80

(3)混凝土的力学参数。

根据《水运工程大体积混凝土温度裂缝控制技术规程》(JTS 202—1—2010)附录C.2,混凝土(C25)的弹性模量是龄期τ的函数,按下式计算:

$$E(\tau) = E_0(1 - e^{a\tau b}) \tag{3-12}$$

式中:E_0——取 2.80×10^{10}Pa;

a——取0.40;

b——取0.60;

τ——龄期(h)。

混凝土(C25)的泊松比$\mu = 0.167$,密度$\rho = 2.5\times10^3 kg/m^3$,抗压强度为$1.67\times10^7 Pa$,根据《水工混凝土结构设计规范》(SL 191—2008)第11.2.1条,裂缝控制验算属于正常使用极限状态,故温度作用应取其标准值。混凝土(C25)抗拉强度标准值为$1.78\times10^6 Pa$。

4)基岩热力学性能参数

根据船闸地质勘察报告,湘江长沙综合枢纽船闸工程地基以花岗岩地基为主,花岗岩变形模量 $E = 2.0\times10^{10}$Pa,泊松比$\mu = 0.25$,基岩线膨胀系数α值取$4.61\times10^{-6}/℃$。

5）混凝土弹性模量

混凝土浇筑后的一段时期,其弹性模量等参数是随着龄期而变化的。从底板浇筑至40d左右,混凝土弹性模量处于快速增长阶段;以后混凝土弹性模量增长缓慢,逐步达到设计标准值。根据《水运工程大体积混凝土温度裂缝控制技术规程》(JTS 202—1—2010),在有限元计算中,弹性模量的选取如图3-3所示。

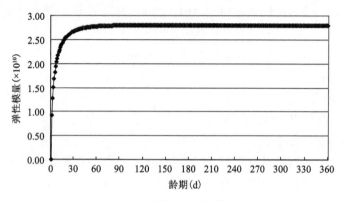

图3-3　不同龄期的弹性模量

3.4.3　温度应力场仿真分析

标准 ANSYS 没有专门计算混凝土材料浇筑初期本构模型的计算模块,一般给出的混凝土单元模块都是满足一定强度后的混凝土本构模型,并且把混凝土材料假定为弹性体进行处理。按照以上模型所计算的温度应力历时曲线如图3-4所示。

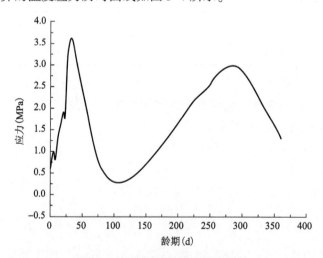

图3-4　船闸底板温度应力历时曲线

从图3-4可以知道,在混凝土浇筑后360d内,出现的最大温度应力为3.61MPa,与规范计算的1.85MPa相比,其值大了1.76MPa,多出了95.1%。

对于这类问题,通常采用与规范结合的方法。把有限元计算的结果乘上一个折减系数,折减系数选取规范中提供的混凝土徐变引起的应力松弛系数 K_p（$K_p = 0.5$）。最后得出水平方向最大温度应力 1.81MPa,与规范计算的结果接近。

3.4.4 基于 ANSYS 混凝土温度应力计算优点及不足

基于 ANSYS 的有限元计算方法,考虑了大气温度变化对底板混凝土温度应力的影响,模拟了底板分层浇筑的施工过程,实现了底板的施工仿真。

然而,计算中把混凝土假定为弹性体,尽管采用了规范中的松弛系数进行处理,但还是无法精细考虑混凝土浇筑过程中徐变的影响。要想解决这个问题,需要在 ANSYS 中实现混凝土的徐变计算。

3.5 混凝土徐变计算在 ANSYS 中的实现

ANSYS 是集结构、热、流体、声学和电磁于一体,功能十分强大的有限元分析软件,在土木工程和水利等领域得到了深入的运用。在实现多场耦合分析方面,ANSYS 具有强大的前后处理、分析及求解等功能。与所有有限元软件类似,ANSYS 的标准分析过程包括:建立分析模型、施加边界条件、计算求解及结果分析。

ANSYS 不仅具有较为完善的分析功能,还提供了多种实用工具用于用户进行二次开发。ANSYS 软件的开放特性允许用户能够将自己开发的 FORTRAN 程序或子程序连接到 ANSYS 系统中。事实上,某些标准的 ANSYS 特性都是由自编程特性开始的。

本章利用 ANSYS 软件的二次开发功能,以 Compaq Visual Fortran 6.6C 为工具,运用 Fortran 98 语言,对 ANSYS 进行二次开发,编制了反映混凝土徐变本构的程序。

3.5.1 混凝土徐变计算的有限元理论

3.5.1.1 混凝土的弹性模量和徐变度

1)混凝土的弹性模量

弹性模量是混凝土重要的力学性能,它反映了混凝土所受应力与应变间的关系,是计算混凝土结构变形、裂缝开展和温度应力所必需的参数之一。大体积混凝土浇筑后,其弹性模量的变化是与水化热的消散、温度场的变化同步的。施工仿真过程温度应力场的计算中必须要考虑混凝土弹性模量的时间效应。

朱伯芳给出的复合指数表达式[1]为:

$$E_\tau = E_0(1 - e^{a\tau^b}) \tag{3-13}$$

该式应用方便,不需要进行大量的实验。式中 E_0 为混凝土的最终弹性模量,但现有的设计规范只给出了混凝土龄期为 28d、90d 和 360d 时的弹性模量。为此,吴胜兴[2]统计了国内大量的实验数据,提出最终弹性模量约为 28d 弹性模量的 1.41 倍,朱伯芳[1]也统计出最终弹性模量龄期为 90d 的 1.20 倍和 360d 的 1.05 倍。建议采用下式来估算水工混凝土各龄期的弹性模量:

$$\begin{cases} E(\tau) = 1.41 E_{C(28)}(1 - e^{a\tau^b}) \\ E(\tau) = 1.20 E_{C(90)}(1 - e^{a\tau^b}) \\ E(\tau) = 1.05 E_{C(360)}(1 - e^{a\tau^b}) \end{cases} \tag{3-14}$$

式中:$E_c(28)$、$E_c(90)$和$E_c(360)$——试验给出或根据混凝土强度等级由设计规范给出。

2) 混凝土的徐变度

徐变度是单位应力作用下的徐变变形,它是加荷龄期和时间的函数,混凝土的徐变是由于混凝土中水泥石的变形引起,而水泥石的变形则产生于水泥中胶凝体在长期荷载下的黏性流动,混凝土中的砂、石料及水泥中的结晶体本身可认为是不产生徐变的,而且它们的存在还能阻碍胶凝体的流动,从而减少混凝土的徐变。

研究表明,混凝土的徐变变形可分为两部分,一部分变形是可逆的,另一部分是不可逆的,故

$$C(t,\tau) = C_1(t,\tau) + C_2(t,\tau) \tag{3-15}$$

式中:$C_1(t,\tau)$——可逆徐变,即在龄期τ_1加载的应力增量$\Delta\sigma$与卸荷的应力增量$-\Delta\sigma$所引起的徐变变形,绝对值相等符号相反;

$C_2(t,\tau)$——不可逆的徐变,即卸荷后,徐变变形完全不能恢复的部分。

为了反映这两部分徐变变形,并便于在有限元计算中节约内存,朱伯芳给出了指数形式的表达式[3],如下:

$$C(t,\tau) = \sum \phi_j(\tau)[1 - e^{-r_j(t-\tau)}] \tag{3-16}$$

3.5.1.2 混凝土的应力与应变关系

(1) 单向受力时混凝土的应力与应变关系。

当受到单向应力$\sigma_x(\tau)$作用下,混凝土在龄期为τ时,产生的瞬时弹性应变为:

$$\varepsilon_x^e = \frac{\sigma_x(\tau)}{E(\tau)} \tag{3-17}$$

式中:$E(\tau)$——瞬时弹性模量,它是混凝土龄期τ的函数。

在长期荷载作用下,结构或材料承受的应力不变,而应变随时间增长的现象称为徐变,其值为:

$$\varepsilon_x^c = \sigma(\tau)C(t,\tau) \tag{3-18}$$

$C(t,\tau)$为徐变度,是单位应力作用下产生的徐变。在龄期τ时刻施加单向应力$\sigma_x(\tau)$,到时间t时的总应变是徐变与弹性应变之和,即为:

$$\varepsilon_x(t,\tau) = \varepsilon_x^e + \varepsilon_x^c = \frac{\sigma_x(\tau)}{E(\tau)} + \sigma_x(\tau)C(t,\tau) = \sigma_x(\tau)J(t,\tau) \tag{3-19}$$

式中:$J(t,\tau)$——徐变柔量;$J(t,\tau) = \frac{1}{E(\tau)} + C(t,\tau)$。

在加荷的瞬时$t = \tau$,徐变为0,故有:

$$C(t,\tau) = 0$$

如果应力随时间改变,根据叠加原理,混凝土的应变可计算如下:

$$\varepsilon_x(t) = \nabla\sigma_{x0}J(t,\tau) + \int_{t_0}^{t} J(t,\tau)\frac{d\sigma_x}{d\tau}d\tau \tag{3-20}$$

式中:t_0——开始受力龄期;

$\nabla\sigma_{x0}$——在$t = t_0$时施加的应力增量。

下面考虑混凝土的侧向变形。在加荷瞬时,产生的侧向瞬时弹性应变如下:

$$\varepsilon_x^e = \varepsilon_y^e = -\mu(\tau)\frac{\sigma_x(\tau)}{E(\tau)} \tag{3-21}$$

式中：$\mu(\tau)$——瞬时弹性应变泊松比。

如应变 σ_x 保持不变，侧向的徐变应变为：

$$\varepsilon_x^c = \varepsilon_y^c = -\mu(t,\tau)\sigma_x(\tau)C(t,\tau) \tag{3-22}$$

式中：$\mu(t,\tau)$——徐变应变泊松比。

则侧向总应变用下式计算：

$$\varepsilon_x(t) = \varepsilon_y(t) = -\sigma_x(\tau)\left[\frac{\mu(\tau)}{E(\tau)} + \mu(t,\tau)C(t,\tau)\right] \tag{3-23}$$

此外，有研究结果表明，徐变泊松比基本为常数，其值与弹性应变泊松比十分接近。因此，在工程中可采用如下值进行计算：

$$\mu(t,\tau) = \mu(\tau) = \mu = 1/6 \tag{3-24}$$

把式(3-19)代入式(3-23)，侧向的总应变公式计算如下：

$$\varepsilon_x(t) = \varepsilon_y(t) = -\mu\sigma_x(\tau)J(t,\tau) \tag{3-25}$$

考虑混凝土应力松弛。设在龄期为 τ 时，混凝土受到强迫应变 $\varepsilon_x(\tau)$，在加载的瞬时，产生的弹性应力为：

$$\sigma_x(\tau) = E(\tau)\varepsilon_x(\tau) \tag{3-26}$$

设当 $t>\tau$ 时，应变 $\varepsilon_x(t)$ 保持为常量。若是理想弹性体，应力 $\sigma_x(t)$ 将保持不变。而实际上，由于混凝土为弹性徐变体，在受到强迫应变之后，随着时间延长，应力将会不断衰减。这种现象称为混凝土应力松弛。设在任意时间 t 的应力为 $\sigma_x(t,\tau)$，它与初始弹性应力比值为

$$R(t,\tau) = \sigma_x(t,\tau)/\sigma_x(\tau) \tag{3-27}$$

$R(t,\tau)$ 称为松弛模量，可以直接根据混凝土的松弛试验求出。但因松弛试验比较费时，一般是根据徐变的试验资料，通过计算求得 $R(t,\tau)$。

现计算徐变柔量 $J(t,\tau)$ 与松弛模量 $R(t,\tau)$ 之间的关系。设在龄期为 τ_1 时施加应力 $\sigma_x(\tau_1)$，以后应变计算如下：

$$\varepsilon_x(t) = \sigma_x(\tau_1)\left[\frac{1}{E(\tau_1)} + C(t,\tau_1)\right] + \int_{\tau_1}^{t} J(t,\tau)\frac{\mathrm{d}\sigma_x}{\mathrm{d}\tau}\mathrm{d}\tau \tag{3-28}$$

令 $\varepsilon_x(t) = \varepsilon x(\tau_1) = \dfrac{\sigma_x(\tau_1)}{E(\tau_1)} = $ 常量。

代入前式，可得到：

$$\sigma_x(t)C(t,\tau_1) + \int_{\tau_1}^{t} J(t,\tau)\frac{\mathrm{d}\sigma_x}{\mathrm{d}\tau}\mathrm{d}\tau = 0 \tag{3-29}$$

这是一个积分方程，由式(3-29)解出 $\sigma_x(t,\tau)$ 后，代入式(3-27)，即得到了松弛模量 $R(t,\tau)$。

设在 $t=\tau$ 时产生应变增量为 $\Delta\varepsilon_x(\tau)$，当时产生的弹性应力增量计算如下：

$$\Delta\sigma_x(t) = E(\tau)\Delta\varepsilon_x(\tau) = R(t,\tau)E(\tau)\Delta\varepsilon_x(t) \tag{3-30}$$

因此，根据已知应变计算弹性徐变体的应力公式如下：

$$\Delta\sigma_x(t) = E(\tau_0)\Delta\varepsilon_x(\tau_0) = R(t,\tau_0) + \int_{\tau_0}^{t} R(t,\tau)E(\tau)\frac{\mathrm{d}\varepsilon_x}{\mathrm{d}\tau}\mathrm{d}\tau \tag{3-31}$$

式中：$\Delta\varepsilon_x(\tau_0)$——在 $t = \tau_0$ 时产生的应变增量。

令：

$$K(t,\tau) = E(\tau)R(t,\tau) \tag{3-32}$$

式中：$K(t,\tau)$——松弛系数。

把式(3-32)代入式(3-31)，可得到：

$$\sigma_x(t) = K(t,\tau_0)\Delta\varepsilon_x(\tau_0) + \int_{\tau_0}^{t} K(t,\tau)\frac{d\varepsilon_x}{d\tau}d\tau \tag{3-33}$$

(2)复杂受力时混凝土的应力与应变关系。

由前面叙述可知，根据试验研究，混凝土徐变泊松比可以假定为一常量，因此在复杂的应力状态下，混凝土应力与应变关系可表示如下：

$$\{\boldsymbol{\varepsilon}(t)\} = [A]\{\Delta\sigma_0\}J(t,\tau_0) + \int_{\tau_0}^{t} J(t,\tau)[A]\left\{\frac{d\sigma(\tau)}{d\tau}\right\}d\tau \tag{3-34}$$

其中，矩阵$[A]$考虑泊松比的影响，见式(3-35)~式(3-37)。

①平面应力问题

$$\{\boldsymbol{\varepsilon}\} = \begin{bmatrix} \varepsilon_x & \varepsilon_y & \gamma_{xy} \end{bmatrix}^T$$

$$\{\boldsymbol{\sigma}\} = \begin{bmatrix} \sigma_x & \sigma_y & \sigma_{xy} \end{bmatrix}^T$$

$$[A] = \begin{bmatrix} 1 & -\mu & 0 \\ -\mu & 1 & 0 \\ 0 & 0 & 2(1+\mu) \end{bmatrix} \tag{3-35}$$

$$[A]^{-1} = \frac{1}{-1\mu^2}\begin{bmatrix} 1 & \mu & 0 \\ \mu & 1 & 0 \\ 0 & 0 & \frac{1-\mu}{2} \end{bmatrix}$$

②平面应变问题

$$[A] = (1+\mu)\begin{bmatrix} 1-\mu & -\mu & 0 \\ -\mu & 1-\mu & 0 \\ 0 & 0 & 2 \end{bmatrix}$$

$$[A]^{-1} = \frac{1-\mu}{(1+\mu)(1-2\mu)}\begin{bmatrix} 1 & \frac{\mu}{1-\mu} & 0 \\ \frac{\mu}{1-\mu} & 1 & 0 \\ 0 & 0 & \frac{1-2\mu}{2(1-\mu)} \end{bmatrix} \tag{3-36}$$

③空间问题

$$\{\boldsymbol{\varepsilon}\} = \{\varepsilon_x \quad \varepsilon_y \quad \varepsilon_z \quad \gamma_{xy} \quad \gamma_{xz} \quad \gamma_{zx}\}^T$$

$$\{\boldsymbol{\sigma}\} = \{\sigma_x \quad \sigma_y \quad \sigma_z \quad \tau_{xy} \quad \tau_{yz} \quad \tau_{zx}\}^T$$

$$[A] = \begin{bmatrix} 1 & -\mu & -\mu & 0 & 0 & 0 \\ -\mu & 1 & -\mu & 0 & 0 & 0 \\ -\mu & -\mu & 1 & 0 & 0 & 0 \\ 0 & 0 & 0 & 2(1+\mu) & 0 & 0 \\ 0 & 0 & 0 & 0 & 2(1+\mu) & 0 \\ 0 & 0 & 0 & 0 & 0 & 2(1+\mu) \end{bmatrix} \tag{3-37}$$

$$[A]^{-1} = \frac{1-\mu}{(1+\mu)(1-2\mu)} \begin{bmatrix} 1 & \dfrac{\mu}{1-\mu} & \dfrac{\mu}{1-\mu} & 0 & 0 & 0 \\ \dfrac{\mu}{1-\mu} & 1 & \dfrac{\mu}{1-\mu} & 0 & 0 & 0 \\ \dfrac{\mu}{1-\mu} & \dfrac{\mu}{1-\mu} & 1 & 0 & 0 & 0 \\ 0 & 0 & 0 & \dfrac{1-2\mu}{2(1-\mu)} & 0 & 0 \\ 0 & 0 & 0 & 0 & \dfrac{1-2\mu}{2(1-\mu)} & 0 \\ 0 & 0 & 0 & 0 & 0 & \dfrac{1-2\mu}{2(1-\mu)} \end{bmatrix}$$

弹性矩阵由式(3-38)计算：

$$[D] = E[A]^{-1} \tag{3-38}$$

3.5.1.3 混凝土结构的徐变应力有限元原理

在计算混凝土结构施工期的温度应力时，混凝土徐变和龄期的影响是不容忽视的。用有限元的方法求解混凝土的应力应变关系时，通常把时间 t 划分为一系列时间段，对于每一时间段，建立一组平衡方程，并求出对应的应力增量。由式(3-34)可知，混凝土结构的变形与整个应力历史都有关，为了计算出时刻 t 的混凝土变形，各个单元必须储存 t 时刻前的应力值，对于大中型或边界条件复杂的结构，需要花费极大的储存容量，一般的计算机内存存放不下，而需要动用外存，这就要消耗很长计算时间，因此如何压缩应力历史的存储量，是混凝土徐变应力分析的关键所在。朱伯芳利用指数函数的特点，给出有限元的隐式解法[4]。

(1)单向应力作用下应变增量的计算。

一般混凝土应变主要包括弹性应变和徐变应变两部分，即：

$$\begin{cases} \varepsilon(t) = \varepsilon^e(t) + \varepsilon^c(t) \\ \varepsilon^e(t) = \dfrac{\Delta\sigma_0}{E(t_0)} + \int_{t_0}^{t} \dfrac{1}{E(\tau)} \dfrac{d\sigma}{d\tau} d\tau \\ \varepsilon^c(t) = \Delta\sigma_0 C(t,t_0) + \int_{t_0}^{t} C(t,\tau) \dfrac{d\sigma}{d\tau} d\tau \end{cases} \tag{3-39}$$

式中：$\varepsilon^e(t)$——瞬时弹性应变；

$\varepsilon^c(t)$——徐变。

把时间划分为一系列较小时间段：$\Delta t_1, \Delta t_2, \cdots, \Delta t_n$，其中 $\Delta t_n = t_n - t_{n-1}$，计算每一时间段的

应变增量。

①弹性应变增量。

由式(3-39),弹性应变增量为:

$$\Delta \varepsilon_n^e = \varepsilon^e(t_n) - \varepsilon^e(t_{n-1}) = \int_{t_{n-1}}^{t_n} \frac{1}{E(\tau)} \frac{d\sigma}{d\tau} d\tau \quad (3-40)$$

取中点龄期

$$t_{n-0.5} = (t_n - t_{n-1})/2 = t_n - 0.5\Delta t_n \quad (3-41)$$

当 Δt_n 充分小时,利用中值定理,上面的积分式中的 $E(\tau)$ 可用中点龄期的弹性模量 $E(t_{n-0.5})$ 代替,从而得到:

$$\Delta \varepsilon_n^e = \frac{1}{E(t_{n-0.5})} \int_{t_{n-1}}^{t_n} \frac{d\sigma}{d\tau} d\tau = \frac{1}{E(t_{n-0.5})} \Delta \sigma_n \quad (3-42)$$

② $C(t,\tau) = \phi(\tau)[1 - e^{-r(t-\tau)}]$ 时的徐变应变增量。

徐变应变增量为:

$$\Delta \varepsilon_n^c = \varepsilon^c(t_n) - \varepsilon^c(t_{n-1}) = \int_{t_{n-1}}^{t_n} C(t,\tau) \frac{d\sigma}{d\tau} d\tau \quad (3-43)$$

上式右边的积分中,龄期 τ 为积分变量,当 Δt_n 充分小时,用中点龄期的徐变度 $C(t,t_{n-0.5})$ 去代替积分中的 $C(t,\tau)$,于是:

$$\Delta \varepsilon_n^c = C(t,t_{n-0.5}) \int_{t_{n-1}}^{t_n} \frac{d\sigma}{d\tau} d\tau = C(t,t_{n-0.5}) \Delta \sigma_n \quad (3-44)$$

取3个相邻时刻: t_{n-1}、t_n 和 t_{n+1},时间步长为 $\Delta \tau_n = t_n - t_{n-1}$、$\Delta \tau_{n+1} = t_{n+1} - t_n$。由式(3-44)得,3个相邻时刻徐变变形分别为:

$$\varepsilon^c(t_{n-1}) = \Delta\sigma_0 C(t_{n-1},t_0) + \Delta\sigma_1 C(t_{n-1},t_{1-0.5}) + \cdots + \Delta\sigma_{n-1} C(t_{n-1},t_{n-0.5})$$

$$\varepsilon^c(t_{n+1}) = \Delta\sigma_0 C(t_{n+1},t_0) + \Delta\sigma_1 C(t_{n+1},t_{1-0.5}) + \cdots + \Delta\sigma_{n-1} C(t_{n+1},t_{n-1-0.5}) +$$
$$\Delta\sigma_n C(t_{n+1},t_{n-0.5}) + \Delta\sigma_{n+1} C(t_{n+1},t_{n+1-0.5}) \quad (3-45)$$

只考虑可逆徐变的情况,在式(3-16)中只取一项,即:

$$C(t,\tau) = \phi(\tau)[1 - e^{-r(t-\tau)}] \quad (3-46)$$

由式(3-45),得到:

$$\Delta \varepsilon_{n+1}^c = \varepsilon^c(t_{n+1}) - \varepsilon^c(t_n) = \Delta\sigma_0[C(T_{n+1},t_0) - C(t_n,t_0)] + \Delta\sigma_1[C(t_{n+1},t_{1-0.5}) - C(t_n,t_{1-0.5})] + \cdots + \Delta\sigma_{n-1}[C(t_{n+1},t_{n-1-0.5}) - C(t_n,t_{n-1-0.5})] + \Delta\sigma_n[C(t_{n+1},t_{n-0.5}) - C(t_n,t_{n-0.5})] + \Delta\sigma_{n+1} C(t_{n+1},t_{n+1-0.5}) \quad (3-47)$$

由式(3-47),有:

$$C(t_{n+1},t_{i-0.5}) - C(t_n,t_{i-0.5})$$
$$= \phi(t_{i-0.5})[1 - e^{-r(t_{n+1}-t_{i-0.5})}] - \phi(t_{i-0.5})[1 - e^{-r(t_n-t_{i-0.5})}]$$
$$= \phi(t_{i-0.5})[e^{-r(t_n-t_{i-0.5})} - e^{-r(t_n+\Delta t_{n+1}-t_{i-0.5})}]$$
$$= \phi(t_{i-0.5})e^{-r(t_n-t_{i-0.5})}[1 - e^{-r\Delta t_{n+1}}] \quad (3-48)$$

把式(3-48)代入式(3-47),得到:

$$\Delta\varepsilon_{n+1} = (1 - e^{-r\Delta t_{n+1}})\omega_{n+1}\Delta\sigma_{n+1}C(t_{n+1}, t_{n+1-0.5}) \tag{3-49}$$

其中:

$$\omega_{n+1} = \Delta\sigma_0\phi(t_0)e^{-r(t_n-t_0)} + \Delta\sigma_1\phi(t_{1-0.5})e^{-r(t_n-t_{1-0.5})} + \cdots +$$
$$\Delta\sigma_{n-1}\phi(t_{n-1-0.5})e^{-r(t_n-t_{n-1-0.5})} + \Delta\sigma_n\phi(t_{n-0.5})e^{-r(t_n-t_{n-0.5})} \tag{3-50}$$

同理,可得:

$$\Delta\varepsilon_n^c = (1 - e^{-r\Delta t_n})\omega_n + \Delta\sigma_n C(t_n, t_{n-0.5}) \tag{3-51}$$

其中:

$$\omega_n = \Delta\sigma_0\phi(t_0)e^{-r(t_{n-1}-t_0)} + \Delta\sigma_1\phi(t_{1-0.5})e^{-r(t_{n-1}-t_{1-0.5})} + \cdots +$$
$$\Delta\sigma_{n-1}\phi(t_{n-1-0.5})e^{-r(t_{n-1}-t_{n-1-0.5})} \tag{3-52}$$

比较式(3-52)和式(3-50),可知:

$$\omega_{n+1} = \omega_n e^{-r\Delta t_n} + \Delta\sigma_n\phi(t_{n-0.5})e^{-0.5r\Delta t_n} \tag{3-53}$$

而

$$\omega_1 = \Delta\sigma_0\phi(t_0) \tag{3-54}$$

式(3-53)和式(3-54)构成一组递推公式,在有限元程序计算中只需要储存 ω_n 便可计算徐变变形增量。

③ $C(t,\tau) = \sum\phi_j(\tau)(1-e^{-r_j(t-\tau)})$ 时的徐变应变增量。

混凝土徐变度的一般表达式为:

$$C(t_{n+1}, t_{i-0.5}) - C(t_n, t_{i-0.5}) = \sum_{j=1}^{m}\phi_j(t_{i-0.5})e^{-r_j(t_n-t_{i-0.5})}(1-e^{-r_j\Delta t_{n+1}}) \tag{3-55}$$

把式(3-55)代入式(3-49),有:

$$\Delta\varepsilon_{n+1}^c = \sum_{j=1}^{m}(1-e^{-r_j\Delta t_{n+1}})\omega_{j,n+1} + \Delta\sigma_{n+1}C(t_{n+1}, t_{n+1-0.5}) \tag{3-56}$$

其中:

$$\omega_{j,n+1} = \omega_{jn}e^{-r_j\Delta t_n} + \Delta\sigma_n\phi_j(t_{n-0.5})e^{-0.5r_j\Delta t_n}$$
$$\omega_{j1} = \Delta\sigma_0\phi_j(t_0)$$

由此可知,混凝土徐变变形增量可计算如下:

$$\begin{cases}\Delta\varepsilon_n^c = \varepsilon^c(t_n) - \varepsilon^c(t_{n-1}) = \eta_n + q_n\Delta\sigma_n \\ \eta_n = \sum_{j=1}^{m}(1-e^{-r_j\Delta t_n})\omega_{jn} \\ q_n = C(t_n, t_{n-0.5})\end{cases} \tag{3-57}$$

而 ω_{jn} 由下列的递推公式计算:

$$\begin{cases}\omega_{jn} = \omega_{j,n-1}e^{-r_j\Delta t_{n-1}} + \Delta\sigma_{n-1}\phi_j(t_{n-1-0.5})e^{-0.5r_j\Delta t_{n-1}} \\ \omega_{j1} = \Delta\sigma_0\phi_j(t_0)\end{cases} \tag{3-58}$$

(2)复杂应力作用下应变增量的计算。

应力增量为:

$$\{\Delta\boldsymbol{\sigma}\} = [\Delta\sigma_x \quad \Delta\sigma_y \quad \Delta\sigma_z \quad \Delta\tau_{xy} \quad \Delta\tau_{yz} \quad \Delta\tau_{zy}]^T \tag{3-59}$$

应变增量为:

$$\{\Delta\boldsymbol{\varepsilon}\} = [\Delta\varepsilon_x \quad \Delta\varepsilon_y \quad \Delta\varepsilon_z \quad \Delta\gamma_{xy} \quad \Delta\gamma_{yz} \quad \Delta\gamma_{zy}]^T \tag{3-60}$$

弹性应变增量为：

$$\{\Delta\boldsymbol{\varepsilon}_n^e\} = \frac{1}{E(t_{n-0.5})}[\boldsymbol{A}]\{\Delta\boldsymbol{\sigma}_n\} \tag{3-61}$$

徐变应变增量为：

$$\{\Delta\boldsymbol{\varepsilon}_n^c\} = \{\boldsymbol{\eta}_n\} + q_n[\boldsymbol{A}]\{\Delta\boldsymbol{\sigma}_n\} \tag{3-62}$$

其中：

$$q_n = C(t_n, t_{n-0.5})$$
$$\{\boldsymbol{\eta}_n\} = \sum_{j=1}^{m}(1 - e^{-r_j\Delta t_n})\{\boldsymbol{\omega}_{jn}\}$$
$$\{\boldsymbol{\omega}_{jn}\} = \{\boldsymbol{\omega}_{j,n-1}\}e^{-r_j\Delta t_{n-1}} + [\boldsymbol{A}]\{\Delta\boldsymbol{\sigma}_{n-1}\}\phi_j(t_{n-1-0.5})e^{-0.5r_j\Delta t_{n-1}} \tag{3-63}$$
$$\{\boldsymbol{\omega}_{j1}\} = [\boldsymbol{A}]\{\Delta\boldsymbol{\sigma}_0\}\phi_j(t_0)$$

在复杂应力状态下，$\{\boldsymbol{\eta}\}$ 和 $\{\boldsymbol{\omega}\}$ 都是向量，例如，对于空间问题有：

$$\{\boldsymbol{\eta}\} = [\eta_x \quad \eta_y \quad \eta_z \quad \eta_{xy} \quad \eta_{yz} \quad \eta_{zx}]^T \tag{3-64}$$
$$\{\boldsymbol{\omega}\} = [\omega_x \quad \omega_y \quad \omega_z \quad \omega_{xy} \quad \omega_{yz} \quad \omega_{zx}]^T$$

（3）平衡方程组。

应变增量包括弹性应变增量和徐变应变增量两部分：

$$\{\Delta\boldsymbol{\varepsilon}_n\} = \{\Delta\boldsymbol{\varepsilon}_n^e\} + \{\Delta\boldsymbol{\varepsilon}_n^c\} \tag{3-65}$$

式中：$\{\Delta\boldsymbol{\varepsilon}_n\}$——应变增量矩阵；

$\{\Delta\boldsymbol{\varepsilon}_n^c\}$——徐变应变增量矩阵；

$\{\Delta\boldsymbol{\varepsilon}_n^e\}$——弹性应变增量矩阵。

应力增量矩阵可计算如下：

$$\{\Delta\boldsymbol{\sigma}_n\} = [\boldsymbol{D}_n]\{\Delta\boldsymbol{\varepsilon}_n^e\} = [\boldsymbol{D}_n](\{\Delta\boldsymbol{\varepsilon}_n\} - \{\Delta\boldsymbol{\varepsilon}_n^c\}) \tag{3-66}$$

式中：$[\boldsymbol{D}_n]$——中点龄期弹性矩阵，$[\boldsymbol{D}_n] = E(t_{n-0.5})[\boldsymbol{A}]^{-1}$。

把 $\{\Delta\boldsymbol{\varepsilon}_n\} = [\boldsymbol{B}]\{\Delta\boldsymbol{\delta}_n\}$ 代入式（3-66），整理后得到：

$$\{\Delta\boldsymbol{\sigma}_n\} = [\overline{\boldsymbol{D}}_n]([\boldsymbol{B}]\{\Delta\boldsymbol{\delta}_n\} - \{\boldsymbol{\eta}_n\}) \tag{3-67}$$

其中：

$$[\overline{\boldsymbol{D}}_n] = \frac{E(t_{n-0.5})}{1 + q_n E(t_{n-0.5})}[\boldsymbol{A}]^{-1} \tag{3-68}$$

有限元法的平衡方程组为：

$$\int[\boldsymbol{B}]^T\{\Delta\boldsymbol{\sigma}_n\}dV = \{\Delta\boldsymbol{P}_n\} \tag{3-69}$$

式中：$\{\Delta\boldsymbol{P}_n\}$——外荷载增量。

得到混凝土结构徐变应力的基本方程为：

$$\begin{cases} [\boldsymbol{K}_n]\{\Delta\boldsymbol{\delta}_n\} = \{\Delta\boldsymbol{P}_n\} + \{\Delta\boldsymbol{P}_n^c\} \\ [\boldsymbol{K}_n] = \int[\boldsymbol{B}]^T[\overline{\boldsymbol{D}}_n][\boldsymbol{B}]dV \\ \{\Delta\boldsymbol{P}_n^c\} = \int[\boldsymbol{B}]^T[\overline{\boldsymbol{D}}_n]\{\boldsymbol{\eta}_n\}dV \end{cases} \tag{3-70}$$

式中:$[K_n]$——结构的刚度矩阵;

$\{\Delta P_n^c\}$——徐变变形产生的荷载增量。

由式(3-68)求得位移增量$\{\Delta\delta_n\}$后,代入式(3-70),即可以求得应力增量$\{\Delta\sigma_n\}$。

3.5.2 ANSYS(UPFs)二次开发简介

3.5.2.1 UPFs 简介

用户可编程接口(User Programmable Features,UPFs)为用户提供了可以在 Fortran 语言源代码(并非真正的源代码,仅仅是 ANSYS 公司定义好的子程序函数)的基础上,修改 UPFs 提供的子程序和函数,从源代码层次上扩充 ANSYS 功能的渠道。用户需要在相应的 Fortran 编译器支持下,将编译修改后的源代码与 ANSYS 库相连接,形成用户版本的 ANSYS 执行文件。

所谓的 UPFs 提供的子程序和函数,以 ANSYS8.1 版本为例,在安装时不默认安装,需要选择自定义安装方式,并选择 ansys customization files。安装后这些子程序和函数存在于(C:\ProgramFiles\ANSYS Inc\v81\ANSYS\custom\user\intel)目录下,多为 *.F,即 fortran 文件,用户可对其进行修改,复制到相关文件夹可进行编译连接。

3.5.2.2 利用 UPFs 可以完成的工作

(1)对 ANSYS 数据库进行操作。

(2)定义特定荷载类型。

(3)定义新的单元类型。

(4)在非线性功能中实现对用户实参的运算。

(5)接触问题中实现用户的摩擦系数。

(6)定义特定的非线性材料特性:如用户塑性屈服准则、蠕变方程、徐变方程、超弹性特性、失效准则、黏弹性性质等。

(7)用户优化:可用自己的算法和中断准则替换 ANSYS 优化过程。

(8)定义用户介入计算过程的方式:在每个 ANSYS 运行求解、荷载步、子步和平衡迭代的开始和结束处允许用户介入,并允许用户在求解的过程中评估计算结果。

3.5.2.3 常用的子程序及函数

(1)用户自定义命令。

它们用户可以使用 user01.F-user10.F 自定义 ANSYS 命令。

在 ANSYS 中执行 user1(或 user2)等命令,调用以上 user01.F(user02.F)中定义的功能。这里也可以使用/UCMD 命令为 user01.F 指定一个新名称,再通过该名称执行命令。/UCMD 命令的格式为:/UCMD,NewCmd,1。

(2)用户自定义单元。

uec100.F-uec105.F 用于定义单元的基本属性,如单元形状、自由度等。

uel100.F-uel105.F 是核心程序,主要用于计算单元矩阵、荷载向量,并实现扩展解的计算和处理。

uex100.F~uex105.F 重载单元缺省特性。

uep100.F~uep105.F 提供单元输出功能。

注:最多可以定义6个新的单元类型。

(3)用户自定义材料特性。

userpl. F 定义用户塑性准则。

usermat. F、usermat1d. F、usermat3d. F、usermatbm. F、usermatps. F 对指定单元类型定义用户材料本构模型。

userfc1. F ~ userfc6. F 定义用户破坏准则。

usercr. F 和 usercreep. F 定义用户蠕变准则。

(4)参数处理过程。

pardim 创建参数数组。

parevl 参数操作过程。

pardef 列表中加入新参数。

此外还有很多,不一一列出。

(5)干预计算过程,通过命令 USRCAL 可激活下列过程。

UAnBeg ANSYS 启动时执行。

USolBeg 求解开始时执行。

USolFeg 求解结束时执行。

ULdBeg 荷载步开始时执行。

ULdFin 荷载步结束时执行。

USsBeg 子步开始时执行。

USsFin 子步结束时执行。

UAnFin ANSYS 任务结束时执行。

使用这些子函数可以有效地控制 ANSYS 程序、荷载步、子步等的运行。

3.5.3 混凝土温度徐变应力程序编制

为了在 ANSYS 中实现混凝土徐变本构关系计算分析,本章利用 ANSYS 二次开发工具 UPFs,将混凝土徐变的指数函数模型和混凝土徐变方程的隐式解法引入添加到 ANSYS 程序中,二次开发的核心是编译基于该本构关系的 FORTRAN 程序,并将其连接到 ANSYS 中。

3.5.3.1 混凝土徐变模型程序的编制

ANSYS 在自定义本构模型部分留有 usermat3d. F(用户自定义弹塑性本构关系)子程序的接口。该接口提供的数据包括本荷载增量开始时的总应变、总应力、等效塑性应变、本荷载增量引起的应变增量以及材料号、单元号、当前子步及载荷步等基本信息。输出量为本荷载增量结束时高斯积分点处等效塑性应变、总应力、弹塑性矩阵等。子程序 usermat3d. F 的正文部分即用户根据所添加材料的本构关系编写的 FORTRAN 语句。

usermat3d. F 子程序定义了当前增量步的应力增量-应变增量关系如下:

$$\{\Delta\boldsymbol{\sigma}_n\} = [\boldsymbol{D}_n]\{\Delta\boldsymbol{\varepsilon}_n\} \tag{3-71}$$

考虑混凝土徐变,这里只需要按照混凝土徐变的规律将 $\{\boldsymbol{\eta}_n\}$ 添加进式(3-71),并将弹性矩阵 $[\boldsymbol{D}_n]$ 转换成计算中所需要的徐变弹性矩阵 $[\overline{\boldsymbol{D}}_n]$,即可得到下式:

$$\{\Delta\boldsymbol{\sigma}_n\} = [\overline{\boldsymbol{D}}_n](\{\Delta\boldsymbol{\varepsilon}_n\} - \{\boldsymbol{\eta}_n\}) \tag{3-72}$$

式(3-72)为考虑徐变的混凝土应力增量-应变增量关系,可用于混凝土徐变计算,具体实现过程如下:

(1)将混凝土材料参数传递到子程序中,主要是徐变度、弹性模量及泊松比等参数,密度继续按照 ANSYS 中标准用法使用,可以在该子程序中将徐变度及弹性模量定义为时间的函数。

(2)根据式(3-61)、式(3-55)及式(3-68)计算中点龄期 $t_{n-0.5}$ 的持续弹性模量 $E(t_{n-0.5})$、徐变度 $C(t_n, t_{n-0.5})$ 及弹性矩阵 $[\overline{\boldsymbol{D}}_n]$。

(3)根据式(3-63)计算 $\{\boldsymbol{\omega}_{sn}\}$ 及 $\{\boldsymbol{\eta}_n\}$,并存储 $\{\boldsymbol{\omega}_{sn}\}$,ANSYS 会根据徐变应变增量 $\{\boldsymbol{\eta}_n\}$ 自动形成由徐变引起的单元荷载增量 $\{\Delta \boldsymbol{P}_n^c\}$。

(4)根据式(3-66)计算当前增量步的应力增量 $\{\Delta\boldsymbol{\sigma}_n\}$ 并累加增量步结束时的总应力 $\{\boldsymbol{\sigma}_n\}$,并将二者储存。

值得注意的是,用户必须根据应力状态,如三维、平面应变和轴对称、平面应力和梁,正确地定义材料的本构关系。三维材料的本构模型可以用于平面应变和轴对称的案例。当使用壳单元时,必须使用平面应力算法。

下面演示一个关于在平面应变或者轴对称应力状态的平面单元或者三维实体单元的塑性模型的 USERMAT 子程序。这个塑性模型与调用 TB,BISO 是一样的效果。见"ANSYS 的用户子程序 USERMAT"详细描述。

```
c * * * * * * * * * * * * * * * * * * * * * * * * * * * * * * * *
* * * * * * * * * * * * * * * * * * * * * * * * * * * * * * * *
c
c      input arguments 参数输入
c      = = = = = = = = = = = = = =
c      matId        (int,sc,i)           材料
c      elemId       (int,sc,i)           单元
c      kDomIntPt    (int,sc,i)           关键点域集成点
c      kLayer       (int,sc,i)           关键点层
c      kSectPt      (int,sc,i)           关键点分割点
c      ldstep       (int,sc,i)           荷载步数
c      isubst       (int,sc,i)           子步数
c      nDirect      (int,sc,in)          直接应力数
c      nShear       (int,sc,in)          剪切应力数
c      ncomp        (int,sc,in)          总应力数
c      nstatev      (int,sc,l)           状态变量数
c      nProp        (int,sc,l)           材料常数数
c      Temp         (dp,sc,in)           初始温度
c      dTemp        (dp,sc,in)           温度增量
```

```
c      Time      (dp,sc,in)                初始时间
c      dTime     (dp,sc,in)                当前时间增量
c      Strain    (dp,ar(ncomp),i)          初始应变
c      dStrain   (dp,ar(ncomp),i)          应变增量
c      prop      (dp,ar(nprop),i)          需要输入材料参数(这里指弹性模量,
c                                          泊松比和初始屈服应力)
c      coords    (dp,ar(3),i)              当前坐标
c      defGrad_t (dp,ar(3,3),i)            时间 t 时的变形梯度
c      defGrad   (dp,ar(3,3),i)            时间 t+dt 时的变形梯度
c      input output arguments              输入输出参数
c      = = = = = = = = = = = = = = = = = = = = = =
c      stress    (dp,ar(nTesn),io)         应力
c      statev    (dp,ar(nstatev),io)       用户状态变量
c          statev(1)                       -等效塑性应变
c          statev(2) - statev(1+ncomp)     -塑性应变向量
c          statev(nStatev)                 -von-Mises 屈服应力
c      sedEl     (dp,sc,io)                弹性功
c      sedPl     (dp,sc,io)                塑性功
c      epseq     (dp,sc,io)                等效塑性应变
c      tsstif    (dp,ar(2),io)             横向剪切刚度
c                  tsstif(1) - Gxz
c                  tsstif(2) - Gyz
c            tsstif(1) 也被用于计算时间
c stiffness,该值只有当低阶单元如 181,182,185 整合一致使用才能被定义
c      var?      (dp,sc,io)                没有使用,它们都保留为程序的进一步
c                                          开发
c
c      output arguments                    输出参数
c      = = = = = = = = = = = = = =
c      keycut    (int,sc,io)               切应力荷载控制参数
c                                          0-无切应力
c                                          1-切应力
c                                          (决定的因素是,利用 ANSYS 软件解决
c                                          方案的控制)
c      dsdePl    (dp,ar(ncomp,ncomp),io)   材料的雅克比矩阵
c      epsZZ     (dp,sc,o)                 strain epsZZ 为平面应力问题的应变值
```

```
c
c * * * * * * * * * * * * * * * * * * * * * * * * * * * * * * * * * * * * *
* * * * * * * * * * * * * * * *
c    ncomp    6    for 3D    (nshear = 3)
c    ncomp    4    for plane strain or axisymmetric (nShear = 1)
c    ncomp    3    for plane stress (nShear = 1)
c    ncomp    3    for 3d beam      (nShear = 2)
c    ncomp    1    for 1D (nShear = 0)
c
c    应力和应变,塑性应变矢量
c         11, 22, 33, 12, 23, 13    for 3D
c         11, 22, 33, 12            for plane strain or axisymmetry
c         11, 22, 12                for plane stress
c         11, 13, 12                for 3d beam
c         11                        for 1D
c
c    材料的雅克比矩阵
c       3D
c    dsdePl  |  1111  1122  1133  1112  1123  1113  |
c    dsdePl  |  2211  2222  2233  2212  2223  2213  |
c    dsdePl  |  3311  3322  3333  3312  3323  3313  |
c    dsdePl  |  1211  1222  1233  1212  1223  1213  |
c    dsdePl  |  2311  2322  2333  2312  2323  2313  |
c    dsdePl  |  1311  1322  1333  1312  1323  1313  |
c    平面应变或者轴对称 (11, 22, 33, 12)
c    dsdePl  |  1111  1122  1133  1112  |
c    dsdePl  |  2211  2222  2233  2212  |
c    dsdePl  |  3311  3322  3333  3312  |
c    dsdePl  |  1211  1222  1233  1212  |
c    平面应力 (11, 22, 12)
c    dsdePl  |  1111  1122  1112  |
c    dsdePl  |  2211  2222  2212  |
c    dsdePl  |  1211  1222  1212  |
c    3d 梁 (11, 13, 12)
c    dsdePl  |  1111  1113  1112  |
c    dsdePl  |  1311  1313  1312  |
```

```
c        dsdePl    |  1211   1213   1212 |
c   1d
c        dsdePl    |  1111 |
c
c —local variables 局部参数
c
c        sigElp   (dp,ar(6  ),l)         试验应力
c        dsdeEl   (dp,ar(6,6),l)         弹性模量
c        sigDev   (dp,ar(6  ),l)         偏应力张量
c        dfds     (dp,ar(6  ),l)         屈服函数衍生量
c        JM       (dp,ar(6,6),l)         四阶精度张量的 2D 矩阵
c        pEl      (dp,sc     ,l)         静水压力
c        qEl      (dp,sc     ,l)         von-mises 屈服应力
c        pleq_t   (dp,sc     ,l)         初始等效塑性应变
c        pleq     (dp,sc     ,l)         最后等效塑性应变
c        dpleq    (dp,sc     ,l)         等效塑性应变的增量
c        sigy_t   (dp,sc     ,l)         初始屈服应力
c        sigy     (dp,sc     ,l)         最后屈服应力
c        young    (dp,sc     ,l)         杨氏模量
c        posn     (dp,sc     ,l)         泊松比
c        sigy0    (dp,sc     ,l)         初始屈服应力
c        dsigdep  (dp,sc     ,l)         塑性比降
c        twoG     (dp,sc     ,l)         第二剪切模量
c        threeG   (dp,sc     ,l)         第三剪切模量
```

程序简介如下：

```
*deck,usermat3d    parallel              user            gal
subroutine usermat3d(
&            matId, elemId,kDomIntPt, kLayer, kSectPt,
&            ldstep,isubst,keycut,
&            nDirect,nShear,ncomp,nStatev,nProp,
&            Time,dTime,Temp,dTemp,
&            stress,statev,dsdePl,sedEl,sedPl,epseq,
&            Strain,dStrain, epsPl, prop, coords,
&            rotateM, defGrad_t, defGrad,
&            tsstif, epsZZ,
&            var1, var2, var3, var4, var5,
```

```
     &           var6, var7, var8)
      c
      c * * * * * * * * * * * * * * * * * * * * * * * * * * * * * *
      * * * * * * * * * * * * * * * * * * * * * * * * * * * * * * *
      #include "impcom.inc"
      INTEGER
     &           matId, elemId,
     &           kDomIntPt, kLayer, kSectPt,
     &           ldstep, isubst, keycut,
     &           nDirect, nShear, ncomp, nStatev, nProp
      DOUBLE PRECISION
     &           Time, dTime, Temp, dTemp,
     &           sedEl, sedPl, epseq, epsZZ,
     &           mdTime
      DOUBLE PRECISION
     &stress(ncomp), statev(nStatev),
     &dsdePl(ncomp, ncomp),
     &Strain(ncomp), dStrain (ncomp),
     &           epsPl(ncomp), prop(nProp),
     &coords(3),     rotateM (3,3),
     &           defGrad (3,3),  defGrad_t(3,3),
     &tsstif (2)
      c
      c * * * * * * * 用户定义部分 * * * * * * * * * *
      c
      c ——parameters
      c 定义参数
      INTEGER     mcomp
      DOUBLE PRECISION HALF, THIRD, ONE, TWO, SMALL, ONEHALF,
     &        ZERO, TWOTHIRD, ONEDM02, ONEDM05, sqTiny,
     &        EIA, EIB, CrA, CrB, CrC,
     &        Cr01, Cr02, Cr03, Cr04
      PARAMETER  (ZERO        = 0.d0,
     &        HALF        = 0.5d0,
     &        THIRD       = 1.d0/3.d0,
     &        ONE         = 1.d0,
```

```
     &          TWO              = 2.d0,
     &          SMALL            = 1.d-08,
     &          sqTiny           = 1.d-20,
     &          ONEDM02          = 1.d-02,
     &          ONEDM05          = 1.d-05,
     &          ONEHALF          = 1.5d0,
     &          TWOTHIRD         = 2.0d0/3.0d0,
     &          mcomp            = 6,
     &          EIA              = -4.0d-01,
     &          EIB              = 3.4d-01,
     &          CrA              = -4.5d-01,
     &          CrB              = -3.0d-01,
     &          CrC              = -5.0d-03,
     &          Cr01             = 2.3d-01,
     &          Cr02             = 5.2d-01,
     &          Cr03             = 9.2d0,
     &          Cr04             = 1.7d0
     &          )
      EXTERNAL     vmove, rotVect
      DOUBLE PRECISION     sigElp(mcomp), dsdeEl(mcomp,mcomp), G(mcomp),
     &sigDev(mcomp), JM   (mcomp,mcomp), dfds(mcomp),
     &        mCreep, WCC01(mcomp), cdStrain(mcomp),
     &WCC02(mcomp), Amarix(mcomp,mcomp)
      DOUBLE PRECISION var1, var2, var3, var4, var5,
     &        var6, var7, var8
      DATA G/1.0D0,1.0D0,1.0D0,0.0D0,0.0D0,0.0D0/
c
      INTEGER        i, j
      DOUBLE PRECISION pEl,qEl,    pleq_t, sigy_t, sigy,
     &        dpleq, pleq,
     &        young,posn,sigy0,   dsigdep,
     &        elast1,elast2,
     &     twoG,threeG,   oneOv3G, qElOv3G, threeOv2qEl,
     &        fratio, con1,   con2
c****************************************************
************************
```

```
        call erhandler('usermat3d',5000,2,
     &  'TJW,INC.-supplied version of coding for usermat3d has been
     &  used.'
     &  ,0.0d0,'')
        keycut      = 0
        dsigdep     = ZERO
        pleq_t      = statev(1)
        pleq        = pleq_t
c * * * 赋予杨氏模量、泊松比和初始屈服应力等值
        young       = prop(1) * (ONE-EXP(EIA * EXP(EIB * LOG(Time))))
        posn        = prop(2)
        sigy0       = prop(3)
c * * * creep 定义徐变度
        mCreep……
c * * * 塑性应变张量
        do i = 4, ncomp
        statev(i+1) = 0.5d0 * statev(i+1)
        end do
c * * * 更新塑性应变
        call rotVect(rotateM,statev(2),ncomp)
c * * * back to engineering strain form
        do i = 4, ncomp
        statev(i+1) = 2.0d0 * statev(i+1)
        end do
        call vmove(statev(2), epsPl(1), ncomp)
c * * * 计算塑性坡降
        dsigdep     = young * prop(4)/(young-prop(4))
        twoG        = young / (ONE + posn)
        threeG      = ONEHALF * twoG
        elast1 = young * posn/((1.0D0 + posn) * (1.0D0-TWO * posn))
        elast2 = HALF * twoG
c * * * 定义 tsstif(1) 为后面的计算沙漏刚度
        tsstif(1)   = elast2
c
c * * * 计算弹性刚度矩阵(3d)
        dsdeEl(1,1) = (elast1 + TWO * elast2) * G(1) * G(1)
```

```
dsdeEl(1,2) = elast1 * G(1) * G(2) + elast2 * TWO * G(4) * G(4)
dsdeEl(1,3) = elast1 * G(1) * G(3) + elast2 * TWO * G(5) * G(5)
dsdeEl(1,4) = elast1 * G(1) * G(4) + elast2 * TWO * G(1) * G(4)
dsdeEl(1,5) = elast1 * G(1) * G(5) + elast2 * TWO * G(1) * G(5)
dsdeEl(1,6) = elast1 * G(1) * G(6) + elast2 * TWO * G(4) * G(5)
dsdeEl(2,2) = (elast1 + TWO * elast2) * G(2) * G(2)
dsdeEl(2,3) = elast1 * G(2) * G(3) + elast2 * TWO * G(6) * G(6)
dsdeEl(2,4) = elast1 * G(2) * G(4) + elast2 * TWO * G(1) * G(4)
dsdeEl(2,5) = elast1 * G(2) * G(5) + elast2 * TWO * G(1) * G(5)
dsdeEl(2,6) = elast1 * G(2) * G(6) + elast2 * TWO * G(2) * G(6)
dsdeEl(3,3) = (elast1 + TWO * elast2) * G(3) * G(3)
dsdeEl(3,4) = elast1 * G(3) * G(4) + elast2 * TWO * G(5) * G(6)
dsdeEl(3,5) = elast1 * G(3) * G(5) + elast2 * TWO * G(5) * G(3)
dsdeEl(3,6) = elast1 * G(3) * G(6) + elast2 * TWO * G(6) * G(3)
dsdeEl(4,4) = elast1 * G(4) * G(4) + elast2 * (G(1) * G(2) + G(4) * G(4))
dsdeEl(4,5) = elast1 * G(4) * G(5) + elast2 * (G(1) * G(6) + G(5) * G(4))
dsdeEl(4,6) = elast1 * G(4) * G(6) + elast2 * (G(4) * G(6) + G(5) * G(2))
dsdeEl(5,5) = elast1 * G(5) * G(5) + elast2 * (G(1) * G(3) + G(5) * G(5))
dsdeEl(5,6) = elast1 * G(5) * G(6) + elast2 * (G(4) * G(3) + G(5) * G(6))
dsdeEl(6,6) = elast1 * G(6) * G(6) + elast2 * (G(2) * G(3) + G(6) * G(6))
do i = 1, ncomp-1
do j = i + 1, ncomp
dsdeEl(j,i) = dsdeEl(i,j)
end do
end do
c
c * * * 计算徐变刚度矩阵
do i = 1, ncomp
do j = 1, ncomp
dsdeEl(i,j) = ……
end do
end do
c * * * 考虑泊松比[A]矩阵
Amarix(i,j)……
c * * * 计算试验应力和复制弹性常数 dsdeEl 给材料的雅克比矩阵
do i = 1, ncomp
```

```
      sigElp(i) = stress(i)
      do j = 1, ncomp
      WCC01(j) = ……
      WCC02(j) = ……
      cdStrain(j) = ……
      dsdePl(j,i) = dsdeEl(j,i)
      sigElp(i) = sigElp(i) + dsdeEl(j,i) * (dStrain(j)-cdStrain(j))
      end do
      end do
c * * * 静水压力
      pEl = -THIRD * (sigElp(1) + sigElp(2) + sigElp(3))
c * * * compute the deviatoric stress tensor
      sigDev(1) = sigElp(1) + pEl
      sigDev(2) = sigElp(2) + pEl
      sigDev(3) = sigElp(3) + pEl
      sigDev(4) = sigElp(4)
      sigDev(5) = sigElp(5)
      sigDev(6) = sigElp(6)
c * * * 计算 von-mises 屈服应力
      qEl =
     &   sigDev(1) * sigDev(1) + sigDev(2) * sigDev(2) +
     &   sigDev(3) * sigDev(3) +
     &   TWO * (sigDev(4) * sigDev(4) + sigDev(5) * sigDev(5) +
     &   sigDev(6) * sigDev(6))
      qEl = sqrt( ONEHALF * qEl)
c * * * 计算当前屈服应力
      sigy    = sigy0 + dsigdep * pleq
c
      fratio = qEl / sigy - ONE
c * * * 校核屈服应力
      IF (sigy .LE. ZERO. or. fratio .LE. -SMALL) GO TO 500
c
      sigy_t = sigy
      threeOv2qEl = ONEHALF /qEl
c * * * 计算屈服函数的衍生量
      DO i = 1, ncomp
```

```
        dfds(i) = threeOv2qEl * sigDev(i)
        END DO
        oneOv3G  = ONE / threeG
        qElOv3G  = qEl * oneOv3G
c * * * 初始等效塑性应变增量
        dpleq    = qElOv3G – sigy * oneOv3G
        pleq     = pleq_t + dpleq
        sigy     = sigy0 + dsigdep * pleq
c
c * * * 更新应力
        DO i = 1 , ncomp
        stress(i) =  sigElp(i)  – TWOTHIRD * (qEl-sigy) * dfds(i)
        END DO
c
c * * * 更新塑性变形
        DO i = 1 , nDirect
        epsPl(i) = epsPl(i) + dfds(i) * dpleq
        END DO
        DO i = nDirect + 1 , ncomp
        epsPl(i) = epsPl(i) + TWO * dfds(i) * dpleq
        END DO
        epseq    = pleq
c * * * 更新状态变量
        statev(1) = pleq
        do i = 1 , ncomp
        statev(i+1) = epsPl(i)
        end do
c * * * 更新塑性功
        sedPl = sedPl + HALF * (sigy_t + sigy) * dpleq
c
c * * * 材料的雅克比矩阵
c
        IF (qEl. LT. sqTiny) THEN
        con1 = ZERO
        ELSE
        con1 = threeG * dpleq / qEl
```

```
END IF
con2   = threeG/(threeG + dsigdep) – con1
con2   = TWOTHIRD * con2
DO i = 1,ncomp
DO j = 1,ncomp
JM(j,i) = ZERO
END DO
END DO
DO i = 1,nDirect
DO j = 1,nDirect
JM(i,j) = – THIRD
END DO
JM(i,i) = JM(i,i) + ONE
END DO
DO i = nDirect + 1,ncomp
JM(i,i) = HALF
END DO
DO i = 1,ncomp
DO j = 1,ncomp
dsdePl(i,j) =     dsdeEl(i,j) – twoG
&        * ( con2 * dfds(i) * dfds(j) + con1 * JM(i,j))
END DO
END DO
c
goto 600
500 continue
c * * *弹性卸载下的应力更新
do i = 1,ncomp
stress(i) = sigElp(i)
end do
600 continue
sedEl = ZERO
DO i = 1 , ncomp
sedEl = sedEl + stress(i) * (Strain(i) + dStrain(i) – epsPl(i))
END DO
sedEl    = sedEl * HALF
```

```
        statev(nStatev) = sigy
c
        return
        end
```

3.5.3.2 连接 ANSYS

利用 UPFs 对混凝土徐变模型进行二次开发的具体做法如下：

(1)自定义方式安装 ANSYS。ANSYS 默认的安装模式下不含有 UPFs 工具，因此安装时必须选择 custom 自定义安装。

(2)选择合适的编译器。在 Windows 平台下使用 Fortran 编译器修改、调试用户子程序，不同 ANSYS 版本对于编译器的版本有相应的要求。

(3)编写混凝土徐变本构关系的用户子程序 USERMAT3d.F。

(4)编译用户子程序并将其连接到 ANSYS 中。

将 ANSCUST.BAT、MAKEFILE、ANSYSEX.DEF 复制到工作目录下，复制 dfport.lib、dformd.lib、dfconcol.lib(这三个文件在 fortran 安装目录下的 df98\lib 目录中可以找到，注意不要用 ANSYS 自己所带的，因为 ANSYS 自己所带的版本可能不够高，而导致连接失败)，同时把 ansysex、defansysmall.def 和 ansylarge.def(在 custom\user\intel 中)复制到 upf 目录中，以避免连接时找不到这几个文件。运行 ANSCUST.BAT，该文件编译同一目录下的所有 FORTRAN 文件(后缀名为.F)。这样，在工作目录下得到 ANSYS.exp、Ansys.lib、Ansys.map 和可执行文件 ANSYS.exe。

(5)运行自定义版本的 ANSYS 程序。

有两种方式运行二次开发后生成的 ANSYS.exe 文件。一是用第(4)步生成的可执行文件覆盖安装目录下的 ANSYS.exe 文件，然后按正常的方式启动；二是利用 ANSYS81cust 命令调用，运行"ansys81cust -custom/pathname/ansys.exe"，进入 ANSYS 界面。

在激活 UPFs 运行自定义版本的 ANSYS 程序后，使用 TB,USER 命令通知主程序将使用自定义本构关系程序，实现对 USERMAT3d.F 的调用，并通过命令 TBDATA 将本构模型所需的相应参数输入。由于在混凝土徐变模型的子程序中存在状态变量，包括各方向的塑性应变、总的等效塑性应变及 Mises 等效应力，因此在定义材料属性时必须使用 TB,STATE 命令定义状态变量的个数和大小值。

进行有限元计算时，在每次 Newton-Paphson 叠代过程中，混凝土徐变模型的子程序在每个单元积分点被调用。该程序通过在每次时间增量开始时该积分点的应力、应变、状态变量及当前的应变增量进行计算，得出本次时间增量结束时的应力、应变和各状态变量的值，并输出相应的徐变刚度矩阵。

考虑到非线性有限元计算的特点，可以在混凝土徐变模型子程序的输出量中设置参数 keycut，其作用是对载荷增量进行二分控制。缺省值为 0，当子程序求解收敛困难时设为 1。

运行 ANSYS.exe 文件，读入命令流控制文件，即执行运算，如图 3-5 所示。

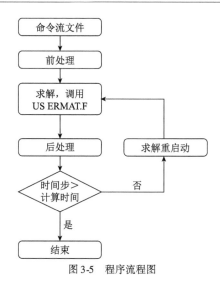

图 3-5 程序流程图

3.5.4 验证算例

3.5.4.1 验证算例 1

为了验证程序的正确性,采用本章参考文献[1]中的一个两端固定梁产生应力松弛的例子进行验证,现将其换算如下:

$$E = 38200 \text{MPa}, C(t,\tau) = \sum_{i=1}^{2} c_i[1 - e^{-r_i(t-\tau)}] \quad (3-73)$$

其中 $c_1 = 2.20 \times 10^{-6}$(MPa), $c_2 = 2.60 \times 10^{-6}$(MPa), $r_1 = 3(1/d)$, $r_2 = 0.3(1/d)$, 泊松比 $\mu = 0$。
设应变 $\varepsilon(t) = \varepsilon_0$, 通过求解递推方程:

$$\varepsilon(t) = \frac{\sigma(t)}{E} + \int_{t_1}^{t} \sigma(\tau) \sum_{i=1}^{2} c_i \gamma_i e^{-\gamma_i(t-\tau)} d\tau \quad (3-74)$$

得: $\sigma(t) = E\varepsilon_0(0.7475 + 0.0655e^{-3.24t} + 0.067e^{-0.328t})$

则: $\dfrac{\sigma(t)}{\sigma_0} = \dfrac{\sigma(t)}{e\varepsilon_0} = (0.7475 + 0.655e^{-3.24t} + 0.067e^{-0.328t})$

根据式(3-73)计算得到了不同时刻应力松弛理论值,如表 3-7 所示。

采用 ANSYS 有限元程序进行计算,首先建立一两端固定约束的实体模型,采用 Solid183 单元划分网格,并赋予上述材料参数,并假设线膨胀系数 $\alpha = 1.2 \times 10^{-5}/℃$,施加均匀温升 5℃,使其产生初始应力。步长取为 1d。ANSYS 计算结果见表 3-7,并与理论值进行比较。从表 3-7 可以看出,两者的计算结果基本一致。ANSYS 有限元计算结果与理论值误差在 5% 之内,误差在允许范围内,在非标准情况下实现了 ANSYS 混凝土的徐变应力计算。

有限元计算结果与理论值比较　　　　表 3-7

t(d)	0	1	5	10	20	100
理论值(%)	100	66.1	51.5	46.5	45.8	27.6
ANSYS(%)	100	64.8	51.0	45.6	45.3	26.8
误差(%)	0	2	1	2	1	3

3.5.4.2 验证算例 2

以坞式闸首底板平均厚度 7.5m 为例,采用分层浇筑施工方法(每层浇筑厚度为 1.5m,间歇期为 7d),浇筑入仓温度控制在 20℃,浇筑后 3d 拆模。计算中采用的弹性模量和徐变度计算公式如下:

$$E(\tau) = E_0(1 - e^{-0.40\tau^{0.34}})$$

$$C(t,\tau) = C_1(1 + 9.20\tau^{-0.45})[1 - e^{-0.30(t-\tau)}] + C_2(1 + 1.70\tau^{-0.45})[1 - e^{-0.005(t-\tau)}]$$

(3-75)

其中:

$$C_1 = 0.23/E_0, C_2 = 0.52/E_0$$

$$E_0 = 1.05E(360), E_0 = 1.20E(90)$$

式中:$E(90)$、$E(360)$——90d 和 360d 龄期的瞬时弹性模量。

从图 3-6 可知,应力最大值都出现在上表层,应力的最小值出现在底中部结构缝位置,两图的应力分布规律基本相同。图 3-6a)的应力最大值为 2.23MPa,最小值为 -4.90MPa;图 3-6b)的应力最大值为 1.40MPa,最小值为 -2.65MPa。考虑徐变后的应力值为弹性应力的 0.629。

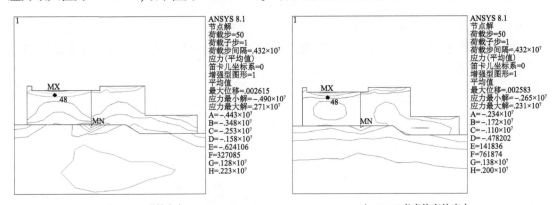

a) ANSYS 弹性应力　　　　　　　　　b) ANSYS 考虑徐变的应力

图 3-6　应力等值线图对比(50d)

图 3-7 为单元 48 号节点的应力曲线图,在同龄期下 ANSYS 弹性应力的计算结果都要比考虑徐变后的大,具体的比例关系见图 3-8。

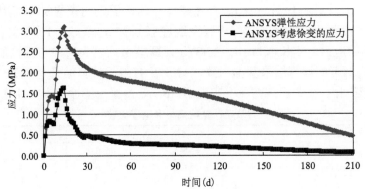

图 3-7　48 号节点的应力随龄期变化对比图

从图 3-8 可以看出,前 45d 两者的比值变化较大,从初期的 0.7 变化到后面的 0.20。前 15d 松弛系数在 0.5~0.6 之间,过了 45d 后两者的比值在 0.1~0.2 之间变化。

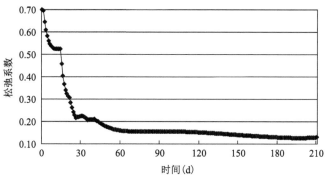

图 3-8　48 号节点考虑徐变的应力与弹性应力的比值曲线图

3.6　考虑徐变因素的混凝土温度应力分析及结构优化

湘江长沙综合枢纽船闸工程的底板采用 6.0m 方案计算。第 3.3 节的计算中未考虑到混凝土徐变因素,本节主要对船闸底板混凝土温度应力场进行分析。船闸底板采用分层浇筑施工方法(每层浇筑厚度为 1.5m,间歇期为 7d),浇筑入仓温度控制在 17℃。其他参数的选取同第 3.4 节。

3.6.1　混凝土温度应力场仿真分析

3.6.1.1　温度场分析

船闸闸首底板混凝土最高温度历时曲线如图 3-9 所示。

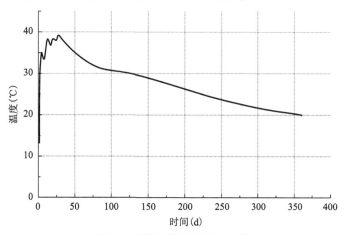

图 3-9　混凝土最高温度历时曲线

从图 3-9 可以看出,在混凝土浇筑初期的前 30 多天内,随着水泥凝固产生大量的水化热,船闸底板的温度不断上升,在开始浇筑后的第 29d 混凝土内部最高温度达到了 39.3℃,随后混凝土内部热量不断扩散,温度逐步下降,到第 360d,底板内部最高温度已降至 20℃。

从图 3-10 可知,在 29d 龄期时,船闸底板的最高温度出现在中心偏上的位置,最高温度位置离底板上表面的距离较近。

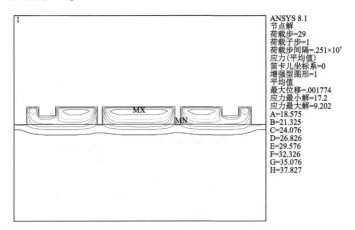

图 3-10　温度等值线图(29d)

船闸闸首底板采用先预留宽缝,即在底板上设置两条 1.5m 的宽缝,后期合缝浇筑的施工方法。预留宽缝的目的是通过减小大体积混凝土的尺寸,减弱温度应力对结构的影响。对于合缝时间的确定,应该考虑大体积混凝土内部温度的消散情况。如图 3-11 所示,底板内部温度与大气温度有两次相交(或相切)情况,第一次发生在开始浇筑后的 120d(4 个月),此时相交温度约为 30℃;第二次在 350d(近 12 个月)相交,此时相交温度为 13.0℃。相交说明底板内外温差不大,选择在这种时候合缝是最合适的。推荐在 350d(近 12 个月)时合缝,此时底板内部温度只有 13.0℃,而且 350d 后,外界气温将会高于底板内部温度,这对于新浇筑混凝土都是有利的。另外,若工程有其他因素考虑,也可以在 120d(4 个月)时合缝。

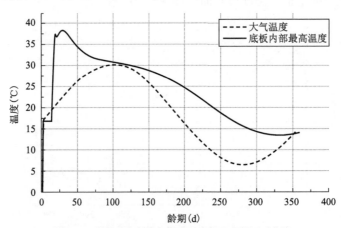

图 3-11　混凝土内部中心温度和大气温度的历时曲线

3.6.1.2　温度应力分析

(1)中底板温度应力。

船闸中底板的温度应力最大拉应力历时曲线如图 3-12 所示。

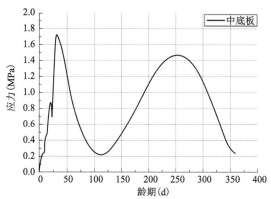

图 3-12　船闸底板温度应力的最大拉应力历时曲线

第一次峰值出现在底板混凝土浇筑初期的第 31d(混凝土膨胀期)，其值约为 1.79 MPa；第二次峰值出现在底板混凝土浇筑初期的第 255d(混凝土收缩期)，其值为 1.47MPa。

图 3-13 和图 3-14 为两峰值对应中底板应力等值线图，在第 31d 出现的峰值，最大拉应力出现在底板上表面的三分点位置；第 255d 出现的峰值，应力出现底板表面中部。

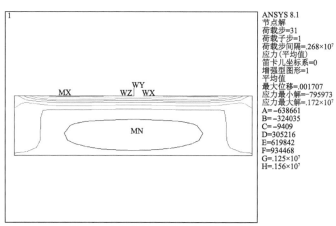

图 3-13　船闸底板温度应力的等值线图(31d)

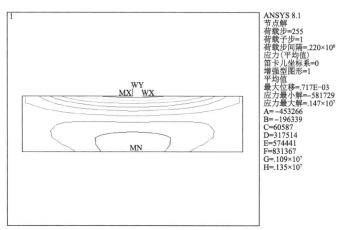

图 3-14　船闸底板温度应力的等值线图(255d)

(2)边底板温度应力。

船闸边底板的温度应力最大拉应力历时曲线如图3-15所示。

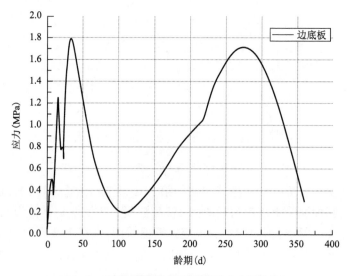

图3-15　船闸底板温度应力的最大拉应力历时曲线

从船闸底板的温度应力的变化过程(图3-15)可知,底板拉应力出现过两次峰值。第一次峰值出现在底板混凝土浇注初期的第31d(混凝土膨胀期),拉应力出现在底板的表面三分点位置,其值约为1.79;第二次峰值出现在底板混凝土浇注初期的第255d左右(混凝土收缩期),拉应力出现在底板的底面边侧,其值为1.70MPa。

图3-16和图3-17为两峰值对应中底板应力等值线图,在第31d出现峰值,最大拉应力出现在底板上表面的三分点位置;第255d出现峰值,应力出现底板输水廊道拐角处,此处出现了节点应力集中的情况。

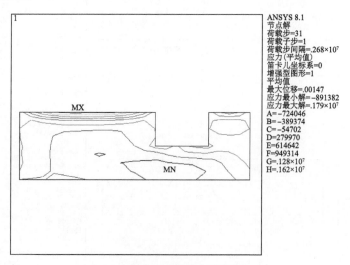

图3-16　船闸底板温度应力的等值线图(31d)

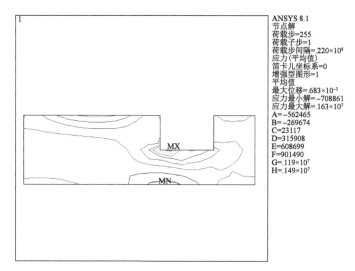

图 3-17　船闸底板温度应力的等值线图(255d)

3.6.1.3　结构缝安全分析

湘江长沙综合枢纽船闸工程为双线船闸,由于设计和施工的需要,在双线船闸边底板间设置有20mm宽的结构缝,以减少船闸间的相互影响。结构缝是否安全也是设计和施工关注的问题。图 3-18 中间断线为不受温度荷载的边底板结构轮廓,网格区域为受到温度荷载后边底板的变形图。

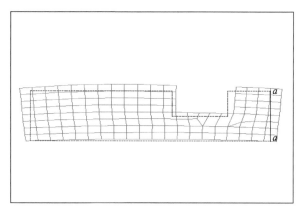

图 3-18　边底板的变形图

图 3-19 为图 3-18 中边线 a-a 随龄期变化的最大位移曲线图,从图可知,边线位移的最大值为 1.5mm,发生在开始浇筑后 30d,此时也是底板内部温度最高时。

3.6.2　优化方案温度应力仿真计算

湘江长沙综合枢纽船闸工程的底板采用 6.0m 计算,其温度应力超过了混凝土极限拉应力,不满足规范要求。设计院经过多方研究,慎重考虑最后提出 5.0m 厚底板的优化方案。方案断面图如图 3-20 所示。

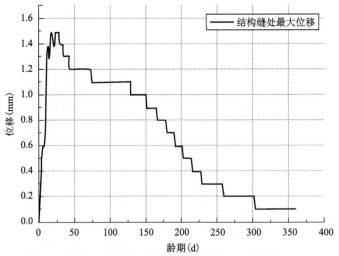

图 3-19 边线 a-a 随龄期变化的最大位移曲线图

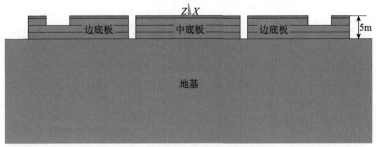

图 3-20 优化方案结构断面图

3.6.2.1 温度场的优化效果

底板内部最高温度对比见图 3-21,可以看出,优化方案底板内部最高温度为 38.2℃,出现在底板开始浇筑后的 25d。与原方案 29d 时的 39.3℃相比,板内最高温降低了 1.1℃,而且出现的时间也提前了 4d。这是由于减小底板厚度后,底板内部温度向大气扩散的距离缩短、速度加快,导致了底板最高温度降低和时间的提前。

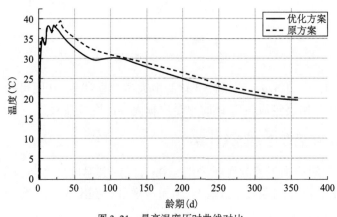

图 3-21 最高温度历时曲线对比

3.6.2.2 温度应力场的优化效果

(1)中底板。

由图 3-22 可知,优化方案温度应力与原方案相比两峰值都有所减少,原方案峰值为 1.79MPa 和 1.47MPa,优化方案的峰值为 1.37MPa 和 1.35MPa,减少底板厚度温度应力在第一峰值处降低了 0.42MPa(23.5%),第二峰值处降低了 0.12MPa(8.1%)。优化方案峰值出现的时间为开始浇筑后的第 31d 和第 255d,与原方案峰值出现的时间基本是一致的。

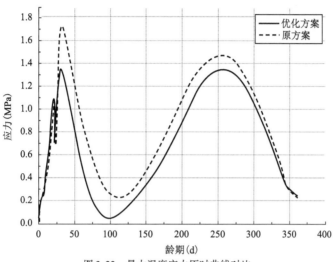

图 3-22 最大温度应力历时曲线对比

(2)边底板。

由图 3-23 可知,优化方案温度应力与原方案相比两峰值都有所减少,原方案峰值为 1.79MPa 和 1.70MPa,优化方案的峰值为 1.40MPa 和 1.65MPa,减少底板厚度温度应力在第一峰值处降低了 0.39MPa(21.8%),第二峰值处降低了 0.05MPa(3.0%)。优化方案峰值出现的时间为开始浇筑后的第 31d 和第 255d,与原方案峰值出现的时间基本是一致的。

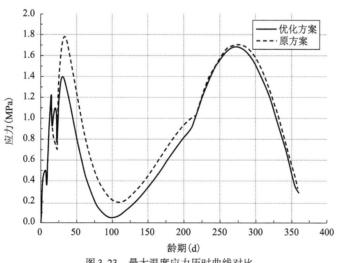

图 3-23 最大温度应力历时曲线对比

优化方案中底板的最大应力值为1.37MPa,边底板为1.65MPa,都小于混凝土的最大抗拉值1.75MPa[《水工混凝土结构设计规范》(SL 191—2008)],满足设计规范要求。

3.6.3 气温骤降对船闸底板的影响

湘江长沙综合枢纽坝址气象多样、气候多变,气温骤降对结构的影响是不容忽视的。在混凝土浇筑初期(一般龄期在6~20d以内),当暴露在外的底板块遇到气温骤降,但其相邻的内部仍具有相当高的温度,内部混凝土发生膨胀,约束了表层遇冷混凝土的自由收缩变形,由于时间短,加荷的速度快,混凝土的徐变性能不能发挥作用,当拉应力(或极限拉伸)超过其极限抗拉强度(或极限拉伸)时,表面出现裂缝。

日平均气温在相邻几天内连续骤降是引起大体积混凝土表面裂缝主要原因之一,然而几天内,降低几摄氏度会导致坝块发生裂缝,这是工作者在设计和施工中应关注的问题。也就是说,对于湘江长沙综合枢纽船闸工程的底板混凝土而言,必然存在一个最小承受气温骤降的幅度。当气温骤降小于这一幅度,底板是不会发生裂缝,大于这一幅度裂缝才会出现。找出这一分界线,就可以根据建闸地区的气温条件,了解坝块可能发生表面裂缝的概率,具体提出相应保温措施和要求;也可以根据天气预报,及时布置与检查保温情况。

大体积混凝土在浇筑龄期为5d以前时,弹性模量小、塑性变形大,故在浇筑前5d即使遭受气温骤降袭击,也不容易发生裂缝[1]。《混凝土重力坝设计规范》(SL 319—2005)中表示6~8d龄期所能承受气温骤降的能力最低,把这一最低值作为坝块受气温骤降袭击的临界幅度。本节分别计算分析了气温骤降6℃、7℃、8℃时,底板混凝土温度场的特性及温度应力特性,从而确定合理的气温骤降的临界幅度。

不同气温骤降时,底板最大拉应力历时曲线如图3-24所示。

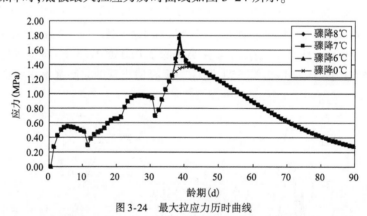

图3-24 最大拉应力历时曲线

从图3-24可见,气温骤降能影响3~5d内的温度应力,气温骤降为0时,底板历时曲线最大峰值为1.34MPa。气温骤降为8℃时,最大峰值为1.81MPa,比骤降温度0时约增加35.1%;气温骤降为7℃时,最大峰值为1.75MPa,比骤降温度0时约增加30.6%;气温骤降为6℃时,最大峰值为1.69MPa,比骤降温度0时约增加26.1%。可见气温骤降对混凝土的温度应力影响比较显著。

气温骤降8℃时,底板混凝土结构的最大拉应力为1.81MPa,超过了C25混凝土的抗拉强度1.78 MPa;气温骤降7℃时,底板混凝土结构的最大拉应力为1.75MPa,略小于C25 混凝土的抗拉强度 1.78 MPa。故气温骤降的临界值为 7℃。这说明在 3~5d 内,日平均气温下降 7℃以上的,就必须要对船闸底板进行表面保温处理。

3.7 小 结

水工混凝土建筑物的裂缝,不仅会影响工程外观和正常运行,还可能影响工程安全,缩短工程寿命,如何防止水工混凝土建筑物产生裂缝,历来是水工建筑物设计和施工重点考虑的问题。本章基于湘江长沙综合枢纽船闸工程闸首底板施工仿真分析,对大体积混凝土温度应力问题进行了一定的研究,主要结论如下:

(1)基于 ANSYS 的有限元计算方法,是一种与规范计算结合的方法。它考虑了大气温度变化对底板混凝土温度应力的影响,而且模拟了底板分层浇筑的施工过程,实现了底板的施工仿真。然而计算中把混凝土假定为弹性体,尽管采用了规范中松弛系数法进行处理,但还是无法精确考虑到混凝土浇筑过程的徐变影响。

(2)结合 ANSYS 的 UPFs 二次开发板块,对子程序 usermat3d 进行了修改,编写了混凝土徐变温度应力的有限元程序,完成了对混凝土材料本构的修改,并对程序进行了验算。验算结果:ANSYS 有限元计算结果与理论值相差在允许范围内,在非标准情况下实现了 ANSYS 混凝土的徐变应力计算。

(3)湘江长沙综合枢纽船闸工程闸首底板浇筑过程中产生大量水化热,导致底板内部温度逐步上升,最高温度达 39.9℃,最高温度发生的龄期为底板开始浇筑后的第 29d,出现的位置为底板内部中心偏上。推荐在 350d(近 12 个月)时合缝,此时底板内部温度只有 13.0℃,而且 350d 后,外界将会高于底板内部温度,这对于新浇筑混凝土都是有利的。但若工程有其他因素考虑,也可以选择在 120d(4 个月)时合缝。

(4)湘江长沙综合枢纽船闸工程为双线船闸,由于设计和施工的需要,在双线船闸间设置有 20mm 宽的结构缝。由温度引起底板的变形位移最大为 1.5mm,发生在开始浇筑后 30d,此时也是底板内部温度最高时。结构缝中轴离每线船闸的间距为 10mm。温度荷载引起位移小于结构缝间距,结构缝是安全的。

(5)气温骤降为 8℃时,底板混凝土结构的最大拉应力为 1.81MPa,超过了 C25 混凝土的抗拉强度 1.75MPa;气温骤降为 7℃时,底板混凝土结构的最大拉应力为 1.75MPa,刚好是 C25 混凝土的抗拉强度 1.75MPa。故气温骤降的临界值为 7℃。可以根据建闸地区的气温条件,了解坝块可能发生表面裂缝的概率,若出现气温骤降达到 7℃,建议在混凝土表面覆盖稻草、塑料薄膜等进行保温,及时布置与检查保温情况。

本章参考文献

[1] 朱伯芳.大体积混凝土温度应力与温度控制[M].北京:中国电力出版社,2003.
[2] 吴胜兴.混凝土结构温度应力与温度裂缝控制研究[D].南京:河海大学,1994.
[3] 朱伯芳.混凝土的弹性模量、徐变度和应力松弛系数[J].水利学报,1985,9:161-172.
[4] 朱伯芳.有限单元法原理与应用[M].北京:中国水利水电出版社,2004,6.

第4章 船闸闸首底板结构施工期原型观测及反演分析

4.1 问题的提出

船闸闸首底板是受基础约束较强的大体积混凝土结构,温度对混凝土结构的应力状态具有重要影响。美国混凝土学会(ACI)规定:"大体积混凝土指尺寸足够大的任何形式的混凝土,其需要采取措施,以应付水泥及伴随物体积变化时由于水合作用产生的热量(水化热),使混凝土的破裂可能性降低到最低程度。"为避免混凝土开裂,获得准确的热力学参数很重要。混凝土热力学参数往往由现场或室内试验甚至经验得出。混凝土为复合型材料,材料属性与浇筑过程、拌和用料、外界环境等密切相关,现场或室内实验样本与现场浇筑混凝土之间不可避免地存在偏差。因此,反求混凝土热力学参数的问题引起了越来越多的学者关注。

4.2 本章研究的主要内容

混凝土的主要热力学参数包括混凝土的绝热温升 θ、导温系数 α、导热系数 λ、表面放热系数 β 以及绝热温升规律等。反演分析参数数量、正演模型的选择对反演分析计算的速度和精度影响比较大。本章主要根据施工期测量数据,采用三维有限元模型对湘江长沙综合枢纽船闸工程闸首底板的绝热温升规律进行反演分析。

4.3 底板施工期温度场原型观测

4.3.1 温度监测实施

4.3.1.1 监测仪器埋设

温度计共布置175个,分5层布置,每层35个,埋设位置见图4-1、图4-2。温度计在混凝土浇筑层面埋设,在混凝土浇筑前将温度计安装固定,温度计保持水平放置,埋设位置误差控制在5cm以内。

4.3.1.2 观测

测温时间从测点混凝土浇筑完10h(初凝)后开始,升温阶段每2h测一次,降温阶段前3d每8h测一次,其后,每天测一次,同时记录大气温度,详细做好记录,直至温度稳定为止。

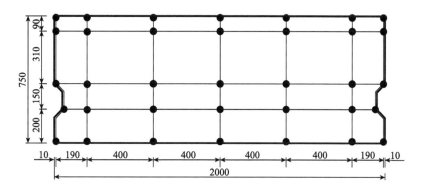

图 4-1 温度计埋设立面图(尺寸单位:cm)

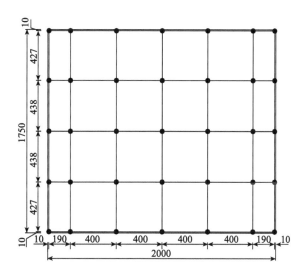

图 4-2 温度计埋设平面图(单位:cm)

4.3.2 监测成果及分析

4.3.2.1 温度计布置

每一层混凝土布置 35 个温度计,仪器编号分别为 T1~T35、T36~T70、T71~T105、T106~T140、T141~T175,埋设高程分别为 7.4m、9.4m、10.9m、14.0m、14.9m,沿上下游方向共布置 5 排,每排布置 7 个,混凝土浇筑厚度分别为 2m、1.5m、3.1m、0.9m。2011 年 7 月 11 日 7 点 30 分混凝土浇筑前进行第一次观测。第一层监测仪器埋设图见图 4-3,其他四层类似。

4.3.2.2 混凝土温度监测成果

同平面内不同位置的温度情况如下:

取第一层为典型研究对象。第一层混凝土布置了 35 个温度计,仪器编号为 T1~T35,埋设高程 7.4m,沿上下游方向共布置 5 排,每排布置 7 个,于 2011 年 7 月 11 日安装埋设,混凝土浇筑厚度为 2m,2011 年 7 月 11 日 7 点 30 分混凝土浇筑前进行第一次观测。

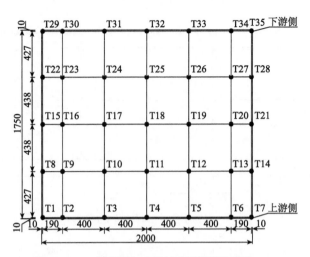

图 4-3 7.4m 高程混凝土温度计监测埋设图(单位:cm)

(1)垂直水流方向断面监测成果分析。

根据混凝土温度计监测数据,得到第一层监测成果特征值统计表以及监测温度过程曲线图,如表 4-1~表 4-5、图 4-4~图 4-8 所示,其中 T 表示大气温度。

监测成果特征值统计表(T1~T7)　　　　　　　　　　　　　表 4-1

仪器编号	最大值(℃)	时间	最小值(℃)	时间
T1	32.1	2011-07-14 4:00	25.9	2011-07-12 5:30
T2	35.0	2011-07-13 8:05	25.1	2011-07-12 5:30
T3	35.0	2011-07-13 14:05	27.3	2011-07-11 21:30
T4	35.5	2011-07-13 4:00	28.4	2011-07-12 5:30
T5	35.5	2011-07-14 2:00	28.5	2011-07-12 5:30
T6	34.0	2011-07-14 2:00	29.0	2011-07-12 5:30
T7	32.0	2011-07-14 0:00	21.5	2011-07-12 5:30

监测成果特征值统计表(T8~T14)　　　　　　　　　　　　　表 4-2

仪器编号	最大值(℃)	时间	最小值(℃)	时间
T8	34.7	2011-07-14 2:00	27.6	2011-07-11 21:30
T9	41.0	2011-07-16 16:00	25.5	2011-07-11 21:30
T10	40.5	2011-07-16 16:00	25.3	2011-07-11 21:30
T11	39.9	2011-07-16 8:00	25.3	2011-07-11 21:30
T12	40.3	2011-07-16 8:00	25.0	2011-07-11 21:30
T13	40.3	2011-07-15 17:00	28.1	2011-07-12 5:30
T14	34.0	2011-07-14 2:00	28.0	2011-07-12 5:30

监测成果特征值统计表（T15～T21）　　　　　　　　　表4-3

仪器编号	最大值(℃)	时间	最小值(℃)	时间
T15	35.4	2011-07-14 0:00	28.1	2011-07-11 19:30
T16	40.5	2011-07-14 18:00	29.0	2011-07-11 19:30
T17	41.6	2011-07-17 23:00	28.9	2011-07-11 19:30
T18	41.1	2011-07-16 18:00	28.8	2011-07-11 21:30
T19	41.5	2011-07-16 8:00	26.0	2011-07-12 5:30
T20	41.3	2011-07-15 17:00	25.3	2011-07-12 5:30
T21	35.2	2011-07-14 2:00	25.0	2011-07-12 5:30

监测成果特征值统计表（T22～T28）　　　　　　　　　表4-4

仪器编号	最大值(℃)	时间	最小值(℃)	时间
T22	34.5	2011-07-14 0:00	28.3	2011-07-11 19:30
T23	41.7	2011-07-14 2:00	27.5	2011-07-11 19:30
T24	41.6	2011-07-15 8:00	28.9	2011-07-11 19:30
T25	41.3	2011-07-19 18:00	28.9	2011-07-11 19:30
T26	41.6	2011-07-16 10:00	25.3	2011-07-12 5:30
T27	41.1	2011-07-15 17:00	25.7	2011-07-12 5:30
T28	35.6	2011-07-14 0:00	26.0	2011-07-12 5:30

监测成果特征值统计表（T29～T35）　　　　　　　　　表4-5

仪器编号	最大值(℃)	时间	最小值(℃)	时间
T29	31.2	2011-07-13 4:00	28.0	2011-07-11 19:30
T30	33.7	2011-07-14 0:00	27.9	2011-07-11 21:30
T31	34.8	2011-07-14 0:00	28.2	2011-07-12 5:30
T32	34.7	2011-07-14 2:00	27.8	2011-07-11 21:30
T33	33.7	2011-07-14 0:00	25.7	2011-07-12 5:30
T34	33.1	2011-07-13 22:00	25.9	2011-07-12 5:30
T35	31.8	2011-07-14 0:00	25.7	2011-07-12 5:30

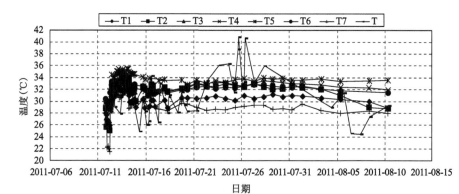

图4-4　混凝土温度计T1～T7及相应外部温度T变化过程曲线图

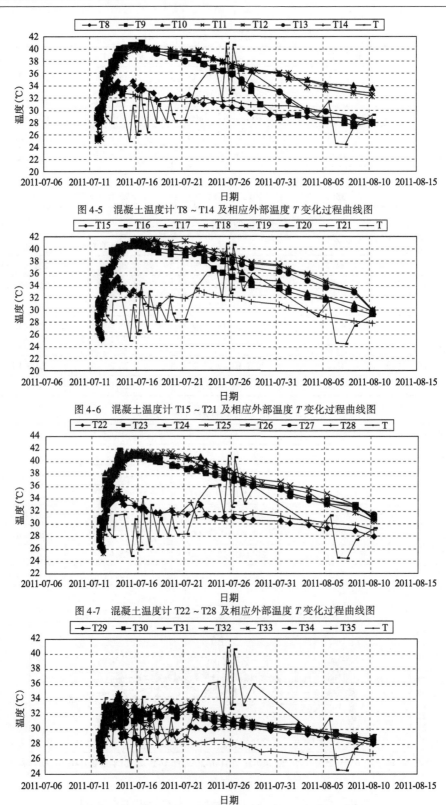

图 4-5 混凝土温度计 T8～T14 及相应外部温度 T 变化过程曲线图

图 4-6 混凝土温度计 T15～T21 及相应外部温度 T 变化过程曲线图

图 4-7 混凝土温度计 T22～T28 及相应外部温度 T 变化过程曲线图

图 4-8 混凝土温度计 T29～T35 及相应外部温度 T 变化过程曲线图

混凝土温度计 T1~T7、T8~T14、T15~T21、T22~T28、T29~T35 分别埋设在 7.4m 高程上游侧混凝土内部 10cm、427cm、中部，下游侧混凝土内部 437cm、10cm 处。从监测成果来看：

①在混凝土浇筑的前几个小时，温度有所下降，随后温度上升较快，靠近边上的温度计在 2~3d 后达到最大值，在混凝土结构内部的温度计在 5d 左右达到最大值，随后温度值开始下降，直至平稳变化。

②外界气温在此期间对混凝土内部温度变化的影响不显著，在此监测阶段，水泥水化热的影响是混凝土内部温度变化的主因。

③从各监测断面来看，断面中部的温度较高，边缘温度较低。断面中部温度值上升到最高的阶段，混凝土内部与表面有较大温差，靠边的断面温差为 8.1℃，中间断面温差达到 11℃。

(2) 沿上下游方向监测断面成果分析。

沿上下游方向来看，共有 7 个监测断面，每个断面 5 个仪器，以中间断面的监测成果为代表进行分析。该断面布置有 T4、T11、T18、T25、T32 等 5 个温度计，其特征值统计表见表 4-6，温度监测过程曲线图见图 4-9。

监测成果特征值统计表　　　　　　　　　　　　　　　　表 4-6

仪器编号	最大值(℃)	时间	最小值(℃)	时间
T4	35.5	2011-07-13 4:00	28.4	2011-07-12 5:30
T11	39.9	2011-07-16 8:00	25.3	2011-07-11 21:30
T18	41.1	2011-07-16 18:00	28.8	2011-07-11 21:30
T25	41.3	2011-07-19 18:00	28.9	2011-07-11 19:30
T32	34.7	2011-07-14 2:00	27.8	2011-07-11 21:30

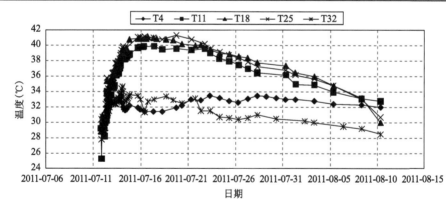

图 4-9　混凝土温度计 T4、T11、T18、T25、T32 温度变化过程曲线图

从监测成果来看，沿上下游方向监测断面混凝土表部温度达到最大值早于混凝土内部温度达到最大值，混凝土温度达到最大值后持续 5d 左右开始明显下降，该断面混凝土内外温差最大值达到 9.7℃。

同竖直位置下不同层的温度情况：取底板结构中心轴上的五点 T18、T53、T88、T123、T158，即 5 个平面上的中心点作为研究对象，分析其温度情况。根据监测数据，得出以下温度曲线图（图 4-10）。

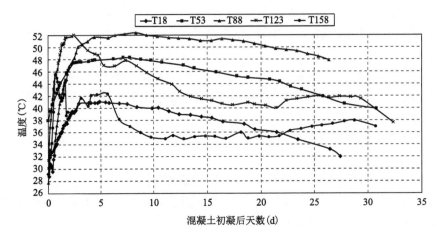

图 4-10 结构中心轴上的五点温度变化过程曲线图

越靠近大气的位置,混凝土受温度的影响越大;底板混凝土温度极大值的大小和浇筑层的厚度有关,厚度越大混凝土内部温度的极大值越大。浇筑层相对较大的第三层混凝土浇筑厚度为3.1m。监测数据显示,该仓混凝土的内部温度极大值均超过50℃,最大达到56.1℃。

4.4 混凝土热力学参数反演分析

一般情况下,大体积混凝土温度场的计算大多是通过室内试验求出混凝土的各项热学性能来求解。影响温度场的最主要热力学参数有:混凝土的绝热温升 θ、导温系数 α、导热系数 λ 以及表面放热系数 β 等等。由于室内试验存在一定的局限性,通过室内试验求得的热力学性能与真实情况有一定出入。加上混凝土浇筑后,由于混凝土材料属多相复合材料,浇筑不均匀,施工质量以及试验量不足,混凝土实际的材料参数和设计值之间存在较大的差异,而这种差异不易通过测量或取样直接得到。因此,计算参数的真实描述是最重要也是最难解决的问题,而工程实践证明,计算参数的精确性对结果精度的影响非常大。所以,本章将利用工程下闸首在施工期间测得的实测值,通过反分析推算出混凝土的热力学性能,使其数据能更接近于真实值。

4.4.1 反演分析原理

反演参数数量以及测点位置的选择对反演计算的速度和精度影响比较大,需要反演的参数越多,反演速度越慢,难度越大,所需要的附加信息量也越多。因此,在实际的反演过程中,一般尽可能明确反演的主要目标,忽略次要因素。而测点的位置对参数也有较大的影响。对于距离表面较远的大体积混凝土内部的混凝土块,可认为周边绝热。此时,与混凝土温度变化有关的主要参数就只有混凝土的绝热温升和导温系数值。

4.4.1.1 反演问题的一般描述

(1)反演问题的提法及其数学模型。

一外界输入 f 作用于模型系统(用模型参数 p 描述),该模型输出 u 和 h,是由因(外因 f、内因P)求果(h)的过程,这是通常所说的正问题,是一个分析过程。若输入或模型参数部分位置,布置观测系统对输出量h进行测量得到其观测值h_{ab},由h_{ab}来估计这些未知量,即由果推因称为原问题的反问题。

微分方程是描述与刻画物理过程、系统状态、社会与生物现象的有力工具。与采用微分方程的定解问题来描述正问题相对应,反问题的一般数学模式,可以采用微分方程定解问题的三个组成部分(方程、初始条件和边界条件)和附加条件表述,见式(4-1)、式(4-2)。

$$L[u(x,t), p(x)] = M[f(x,t)] \quad x \in \Omega \tag{4-1}$$

$$A[u(x,t)] = h(x,t) \quad x \in \partial\Omega' \tag{4-2}$$

式中:$u(x,t)$——微分方程的解;

$p(x)$——模型中待求的物理参量;

$f(x,t)$——系统的输入;

L、M——定解方程微分算子;

$h(x,t)$——观测的物理信息量;

A——附加条件微分算子;

Ω——所考虑模型所在的空间区域;

$\partial\Omega'$——观测点位置的集合。

(2)反演问题的分类。

从工程、物理中提出的各类反演问题,都有明确的数学形式和定量要求,故也称为数学物理反演问题。

按待定数在方程中的位置对反演问题进行分类:可分为算子识别反演问题、寻源反演问题、拟时间过程反演问题、边界控制反演问题和几何反演问题。在工程实际中,这几类反演问题往往会同时出现,它给反演问题的求解带来更大的困难。这类问题是联合反演的研究内容之一。

也可以从已知信号的来源对反演问题进行分类:若已知信号由观测得到,则这类反演问题称为辨识问题。其中,求模型称为系统辨识或模型辨识;而求外因,则称为源的辨识或外部作用的辨识;如果已知信号不是实测出来的,而是人们希望的,那么这类反演问题则称为设计问题。若在所求模型中或输入中有些部分可以由人们随时操纵其变化,则这类设计问题称为控制问题。辨识、设计与控制都属于反问题范畴。正因如此,尽管从应用上看,辨识用于认识世界,设计与控制用于改造世界,它们有所不同,但从理论上看,它们抽象成数学问题后,却常常是一致的。因而,许多现代控制理论的优秀成果也可用于解决辨识问题。

反演问题广泛存在于自然科学和工程技术各个领域之中,而其中以待定未知参数这类反问题最为常见。非线性算子识别问题是本章的主要研究对象。

4.4.1.2 温度问题的反演分析模型

反演分析可分为系统辨识和参数辨识,系统辨识是确定模型结构,参数辨识是在模型结构已知的情形下确定模型中的某些或全部参数。

这里采用遗传算法对绝热温升规律相关参数进行随机搜索。通过原型观测试验获得现场大体积混凝土温度值,并建立三维有限元热力学模型作为正演模型。参数反演分析步骤如下:

(1) 设定参数数目及上下限,随机生成反分析参数初始总群,如 X1MIN < X1 < X1MAX, X2MIN < X2 < X2MAX。

(2) 将参数(如 X1、X2)代入正演模型计算各测点温度场的温度值 $\overline{T_{i,j}}$。

(3) 提取原型观测试验测点现场大体积混凝土温度值 $T_{i,j}$。

(4) 求目标函数值,根据目标函数值计算参数(如 X1、X2)的适应度。

(5) 根据个体适应度对初始种群内的个体进行遗传、交叉、变异操纵,形成下一代种群。并进入下一代循环,直到目标函数达到目标精度。

4.4.1.3 反演分析参数及目标函数选择

绝热温升函数有双曲线式、指数式和双指数式等。在绝热条件下,由于水化作用混凝土温度上升速度为:

$$\frac{\partial \theta}{\partial \tau} = \frac{Q}{c\rho} \tag{4-3}$$

根据经验取每千克水泥最终水化热为 330kJ,采用双曲线公式利用最小二乘法进行拟合得到水化热曲线为:

$$Q(\tau)' = \frac{330\tau}{20.688 + \tau} \tag{4-4}$$

式中:τ'——龄期(h);

$Q(\tau)$——τ 时刻每千克水泥累计水化热(kJ/kg)。

对上式求导并乘以每立方米混凝土水泥用量可得到混凝土的发热率:

$$Q(\tau)' = \frac{1228867.2}{(20.688 + \tau)^2} \tag{4-5}$$

式中:$Q(\tau)'$——混凝土的发热率[kJ/(m³·h)]。

本章分别以 x_1、x_2 代替参数 1228867.2 和 20.688,对船闸底板绝热温升规律进行反分析。该问题可归结为求二元多峰函数的最小值,取求解温度反分析的目标函数为:

$$F(X) = \sum_{i=1}^{m} \sum_{j=1}^{n} (T_{i,j} - \overline{T_{i,j}})^2$$

式中:$T_{i,j}$——浇筑 t h 后第 i 排第 j 列测点处温度观测值,i 取 2、3、4 ,j 取 3、4、5;

$\overline{T_{i,j}}$——浇筑 t h 后第 i 排第 j 列测点处温度计算值,i 取 2、3、4 ,j 取 3、4、5。

4.4.2 MATLAB 调用 ANAYS 分析原理

4.4.2.1 MTALAB 遗传算法

MATLAB 是 MathWorks 公司推出的一套高性能的数值计算和可视化软件。它集数值分析、矩阵运算、信息处理和图形显示于一体,构成一个方便的、界面友好的用户环境。MATLAB 强大的扩展功能和影响力吸引各个领域的专家相继推出了许多基于 MATLAB 的专用工具箱。MATLAB 强大的科学运算和灵活的程序设计流程、高质量的图形可视化与界面设计、便捷的与其他程序和语言的接口等功能,使之成为当今世界最有活力和最具有影响力的可视化软件。

遗传算法(Genetic Algorithm,GA)是以自然选择和遗传理论为基础,将生物进化过程中适者生存规则与群体内部染色体的随机信息交换机制相结合的高效全局寻优搜索算法。GA摒弃了传统的搜索方式,模拟自然界生物进化过程,采用人工进化的方式对目标空间进行随机优化搜索。它将问题域中的可能解看作群体的一个个体编码成符号串形式,模拟达尔文的遗传选择和自然淘汰的生物进化过程,对群体反复进行基于遗传学的操作,即遗传、交叉和变异。根据预定的目标适应度函数对每个个体进行评价,依据适者生存、优胜劣汰的进化规则,不断得到更优的群体,同时以全局并行搜索方式来搜索优化群体中的最优个体,以求得到满足要求的最优解。

4.4.2.2 MTALAB 遗传算法工具箱应用

遗传算法工具箱一般包括参数优化、多目标优化、控制器结构选择、非线性系统论证、形形色色模式的模型制作、神经网络设计、实时和自适应控制、并行遗传算法、故障诊断和天线设计等。

(1)目标函数和适应度函数。

目标函数将提供一测量手段,测量个体在问题域的完成情况。在一个最小化问题中,最适合的个体对应最小的目标函数值。未经加工的适应度值通常只用在遗传算法的中期,来判断一个个体的相对性能。另一函数,即适应度函数通常用于转换目标函数值为相对适应度值。因此,有:

$$F(x) = gf(x) \tag{4-6}$$

这里 $f(x)$ 是目标函数,g 是将目标函数值转换为非负值的变换因子,$F(x)$ 是所得的相对适应度,当目标函数是最小化即函数值越小对应适应度越好的个体时,这种变换是必需的。许多情况下,适应度函数值对应大量子代——预计在下一代中能存在的个体。通常使用这个转换进行使用度概率分配。个体的适用度由每一个个体的相对适应度通过个体的未加工的适用度 $f(x)$ 相对整个种群的适用度计算出来,即

$$F(x_i) = \frac{f(x_i)}{\sum_{i=1}^{N_{\text{ind}}} f(x_i)} \tag{4-7}$$

式中:N_{ind}——种群大小;

x_i——个体 i 的表现值,与此同时适应度分配确保每一个体均有按其相对适应再生的机会,不能处理负的目标函数值。

(2)选择。

选择是由遗传代数或试验值决定的过程。一个特殊的个体为再生被挑选,确定编码子代中的一个个体被产生,这种个体的选择可以看作两个分离的过程:①决定试验的代数和希望接收的个体;②转换预期的试验数为大量离散的子代。

第一部分是个体再生概率预期的实际值和处理使用前一小部分的适用度计算。第二部分是基于一个个体相对另一个体的适用度为再生进行的个体概率选择,剩下部分是现行先进的选择方法。

(3)交叉和变异。

在遗传算法中,产生新染色体的基本操作是染色体的交叉(也称为基因重组)。与自然进化一样,交叉产生的新个体具有父母双方的一部分遗传物质。交叉一般包括单点交叉、多点交叉、均匀交叉、中间重组、线性重组等。

在自然进化中,变异是一随机过程,是基因上的一个等位基因被另一个代替而产生一新的遗传结构。在遗传算法中,变异采用了一任意的小概率,典型值是在 0.001～0.1 之间,并改变染色体的元素。通常认为它是后台算子,变异的作用被认为是:搜索任意给定串的可能性永不为零,为保证通过选择和交叉操作恢复可能丢失的好的遗传物质提供安全网络。

(4)重插入。

一旦一个新的种群通过对旧种群的个体进行选择和重组而产生,新种群中个体的适应度被确定了,如果通过重组产生的种群个体数少于原始种群的大小,新种群和旧种群大小的差异被称为代沟。在这种情况下,每一代产生的新个体数较少,这时的遗传算法称为稳态或增量。如果一个或多个最适合个体被连续代繁殖,则遗传算法被称为得到精英策略。

为了保持原始种群的大小,一些新的个体不得不被重新插入旧种群中。同样,如果在每一代并非所有新个体被使用或产生的子代大小超过旧种群,则一个恢复计划用来决定哪些个体存在于新种群中。

遗传算法工具箱提供了 reins 函数(后文主函数部分将提到),它使个体可在重组后重插入种群。

(5)遗传算法的终止。

因为遗传算法是随机搜索算法,找到一个正式的、明确的收敛性判别标准是困难的。若在找到最优个体以前的许多代的种群适应度保持不变,应用程序的常规终止条件将无法作为判定条件。常用方法是遗传算法终止,即采用达到预先设定的代数或根据问题定义测试种群中最优个体的性能。如果没有可接受的解答,遗传算法重新启动或用新的搜索初始条件。

4.4.3 反演分析过程

4.4.3.1 反演基本情况

温度反演分析的目标函数为:

$$F(x) = \sum_{i=1}^{m} \sum_{j=1}^{n} (T_{i,j} - \overline{T_{i,j}})^2 \tag{4-8}$$

式中:$T_{i,j}$、$\overline{T_{i,j}}$——第 i 时刻第 j 点的温度计算值和实测值。X 为反演分析参数变量,包括导温系数 α、表面放热系数 β 和绝热温升规律参数,上节用 x_1、x_2 来表示放热率的相关系数,因此本节对绝热温升规律参数进行反演转变为对 x_1、x_2 的反演,x_1、x_2 的取值范围为 [1180000,1220000] 和 [15,25],其染色体数据结构为大小 10×2 的单矩阵所存储的整个种群。其中,第一个数字 10 为种群中个体的个数,即 (x_{11},x_{21})、(x_{12},x_{22})、(x_{1i},x_{2i})、(x_{110},x_{210}),第二个数字 2 表示个体基因表现型的长度,矩阵的每一行代表一个个体基因 (θ_{0i},n_i),而每个个体基因都由 n 个基数组成,是典型的二进制值。

本节染色体数据结构如下:

$$\text{Chrom} = \begin{bmatrix} x_{11}, x_{21} \\ x_{12}, x_{22} \\ x_{13}, x_{23} \\ x_{14}, x_{24} \\ x_{15}, x_{25} \\ x_{16}, x_{26} \\ x_{17}, x_{27} \\ x_{18}, x_{28} \\ x_{19}, x_{29} \\ x_{110}, x_{210} \end{bmatrix} \quad (4\text{-}9)$$

遗传算法中的决策变量或表现型通过在决策变量空间对染色体表现形式进行映射获得。这里,包含在染色体结构中的每一个串根据在搜索空间中的维度值和对应的决策变量值编码为一行向量。对于绝热温升规律的反演,本节选择二进制编码,取 10 个种群个体,每个种群个体 2 个基数,每个基数用 50 位的二进制替代。

遗传算法的实施过程是:首先随机生成一组模型,模型的每个参数表示为二进制数(一个模型对应于反问题的一个可能解,模型的每个参数与反问题待求变量的分量相对应),全部参数用许多串联在一起的二进制代码组成的字符代表。然后对种群内各模型根据具体问题所给的目标函数所对应的适应度函数决定其生存概率,进行优胜劣汰,再把剩下的较优个体进行交叉和变异,最终完成一次对种群的繁殖。如此反复循环,来模拟生物进化的规律优选模型。计算流程图如图 4-11 所示。

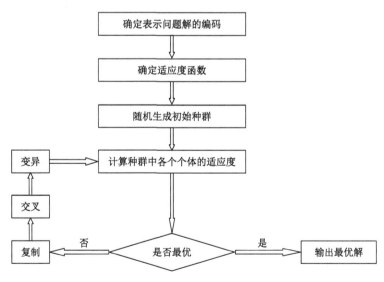

图 4-11 遗传算法流程图

4.4.3.2 反演代码编制

本节对绝热温升规律参数进行反演,其中包括两个参数,即变量数目为 2,取第一层混凝土靠中央的三个监测点 T17、T18、T19 的实测温度值,种群个体数目取 10 个,遗传代数取 50

代,代沟取 0.9。其反演过程为:采用 MATLAB 作为主控程序,设置好所有的参数与选项,通过文件传递给 ANSYS 并调用 ANSYS 计算。ANSYS 计算结束后,再用 MATLAB 处理 ANSYS 的输出文件。由于所有的设置可以在 MATLAB 中统一完成,省去了很多参数同步的工作,也实现了计算的自动化。

本节采用格雷码进行,编码格雷码(Gray code),又叫循环二进制码。二进制码在数字系统中只能识别 0 和 1,各种数据要转换为二进制码才能进行处理。格雷码是一种无权码,采用绝对编码方式,典型格雷码是一种具有反射特性和循环特性的单步自补码,它的循环、单步特性消除了随机取数时出现重大误差的可能,它的反射、自补特性使得求反非常方便。格雷码属于可靠性编码,是一种错误最小化的编码方式。

下面分别为调用 ANSYS 分析的 MATLAB 代码,写入文档代码和主函数代码及相关注释。

(1) MATLAB 调用 ANSYS 代码。

```
function [ A ] = ANSYS1(x)
% UNTITLED3 Summary of this function goes here
%    Detailed explanation goes here
t = [39.6,38.7,39.5;];    % T17,T18,T19 在稳定时刻的温度实测值
[a, ~] = size(x);
A = [];
fori = 1:a
    fwrite1(x(i,1),x(i,2));
    mark = 1;    % mark 为 1 时 ANSYS 没有计算。
fidd = fopen('E:\GAfy\outTEMP.txt','wt+');
fprintf(fidd,'%f',mark);
fclose(fidd);
```

% fopen——fclose 为 MATLAB 的打开关闭文件操作,fid 为用于存储文件句柄值。

system('D:\ANSYS130\v130\ANSYS\bin\winx64\ANSYS130.exe -b -p ane3fl -i E:\GAfy\wendu.txt -o E:\GAfy\outerr.txt');% E:\GAfy\wendu.txt 是命令流文件; E:\GAfy\outerr.txt 是输出文件所在位置,输出文件保存了程序运行的相关信息;-b 表示批处理模式;-p 表示结果;-i 表示输入文件;-o 表示 ANSYS 的输出文件。

```
        % aa = fopen('E:\GAfy\out.txt','rt')
        read1 = textread('E:\GAfy\outTEMP.txt','%6.2f');
    mark = read1(1,1);
    if(mark = =8)
        T0 = read1(2:4,1);
        A = [A;(t-T0)'*(t-T0)];
    end
end
```

(2) 写入文档代码。

```matlab
function [ output_args ] = fwrite1( sita0,n )
%FWRITE1 Summary of this function goes here
%   Detailed explanation goes here
fid = fopen('e:\GAfy\x1x2.txt','wt');
%'w'表示打开后写入数据。该文件已存在则更新;不存在则创建。后加"t"表示以文本方式打开。
fid1 = fopen('e:\GAfy\x1x21.txt','at+');%'a+'表示打开文件后,先读入数据再添加数据。文件不存在则创建。后加"t"表示以文本方式打开。
fprintf(fid,'%10.2f%10.2f\r\n',x1,x2);%其中,fid句柄所包含的数据只用于迭代传递而不保存。
fprintf(fid1,'%10.2f%10.2f\r\n',x1,x2);
fclose(fid1);
fclose(fid);
end
end
```

(3) 为目标函数寻优的主函数代码。

```matlab
function [ x,ObjV,gen ] = gacyj( restartMark,outputMark,genin,ObjVin)%输入参数。
    %restartMark :0表示是第一次计算,若为重新启动则应制定10×2的矩阵,即继续计算的矩阵。
    %outputMark:多次输出计算区别标示符。
    NIND = 10;%个体数目。
    MAXGEN = 50;%最大遗传代数。
    NVAR = 2;%变量的维数。
    PRECI = 50;%变量的二进制位数。
    GGAP = 0.9;%代沟。
    %trace = zeros(2,MAXGEN);%寻优结果的初始值。
    FieldD = [rep( PRECI ,[1,NVAR]);[1180000,15;1220000,25];rep([1;0;1;1],[1,NVAR])];
    if(restartMark ~ = 0)
    ObjV = ObjVin;
        x = restartMark;
    else
    Chrom = crtbp( NIND,NVAR * PRECI);%创建初始种群。
```

```
    x = BS2RV(Chrom,FieldD);
    gen = 0;%代数计数器。
ObjV = ANSYS1(x,gen)%f(X) =   X 带入正算得到的结果。10 次迭代。
end
gen = 0;%代数计数器。
ObjV = ANSYS1(x,gen)%f(X) =   X 带入正算得到的结果。10 次迭代。
while gen < MAXGEN
FitnV = ranking(-ObjV);%分配适应度值(assign fitness values)。
SelCh = SELECT('sus',Chrom,FitnV,GGAP);        %选择。
SelCh = recombin('xovsp',SelCh,0.7);           %重组。
SelCh = mut(SelCh);                            %变异。
    x = bs2rv(SelCh,FieldD);
ObjVSel = ANSYS1(x,gen);                       %重插入。
[Chrom,ObjV] = reins(Chrom,SelCh,1,1,ObjV,ObjVSel);
gen = gen + 1;
[Y,l] = min(ObjVSel);%输出最优解及其对应的变量。
    Y = bs2rv(Chrom(1,:),FieldD);
    trace(gen,1) = min(ObjV);    %最小值。
    trace(gen,2) = sum(ObjV)/length(ObjV);%平均值。
    objv1 = ObjV';
fida = fopen(['objvl1',outputMark,'.txt'],'at+');
fprintf(fida,'%u%10.2f%10.2f%10.2f%10.2f%10.2f%10.2f%10.2f%10.2f%10.2f%10.2f\r\n',gen,objv1);
fclose(fida);
if(gen = = ,50)
figure(2);
plot(ObjV);hold on;
plot(ObjV,'b*');grid
end
end
```

4.4.3.3 利用遗传算法的反演结果

1)遗传算法遗传过程及结论

通过遗传算法,得到目标函数 $F(x) = \sum_{i=1}^{m}\sum_{j=1}^{n}(T_{i,j} - \overline{T_{i,j}})^2$ 的值,该函数为多元单峰函数,为了得到 x_1 和 x_2 的最优解,可通过遗传算法求解目标函数的最小值,计算时取目标函数精度为 0.01,反演的显示过程如下。

(1)初始种群的目标函数值分布如图 4-12 所示。此时,$x_1 = 1216611.29$、$x_2 = 18.39$、$\min F(x) = 1.45$。

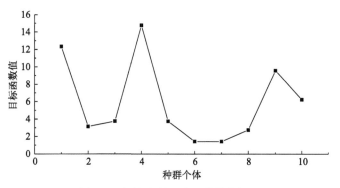

图 4-12　初始种群的目标函数值分布图

(2)经过 1 次迭代后的目标函数值如图 4-13 所示。此时,$x_1 = 1180037.08$、$x_2 = 21.34$、$\min F(x) = 1.45$。

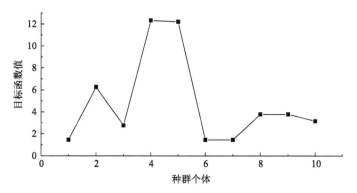

图 4-13　迭代 1 次后的目标函数值分布图

(3)经过 5 次迭代后的目标函数值如图 4-14 所示。此时,$x_1 = 1216610.75$、$x_2 = 20.37$、$\min F(x) = 1.42$。

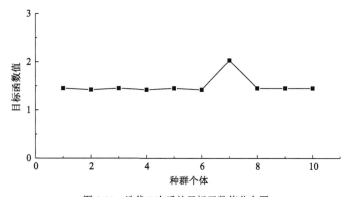

图 4-14　迭代 5 次后的目标函数值分布图

(4)经过 10 次迭代后的目标函数值如图 4-15 所示。此时,$x_1 = 1213397.86$、$x_2 = 20.26$、$\min F(x) = 0.67$。

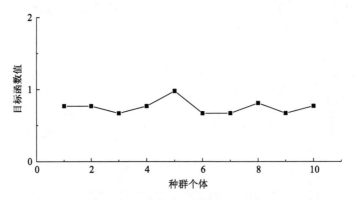

图 4-15　迭代 10 次后的目标函数值分布图

（5）经过 15 次迭代后的目标函数值如图 4-16 所示。此时，$x_1 = 1216610.75$、$x_2 = 20.26$、$\min F(x) = 0.67$。

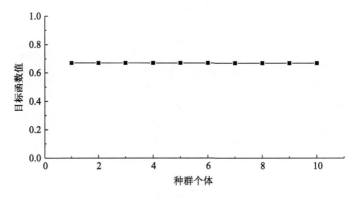

图 4-16　迭代 15 次后的目标函数值分布图

（6）经过 20 次迭代后的目标函数值如图 4-17 所示。此时，$x_1 = 1216602.14$、$x_2 = 20.26$、$\min F(x) = 0.54$。

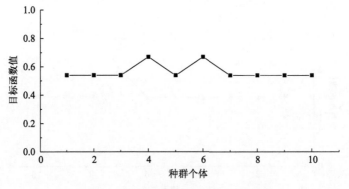

图 4-17　迭代 20 次后的目标函数值分布图

（7）经过 25 次迭代后的目标函数值如图 4-18 所示。此时，$x_1 = 1216602.14$、$x_2 = 19.94$、$\min F(x) = 0.5$。

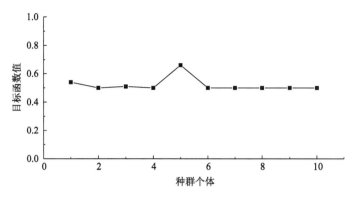

图 4-18　迭代 25 次后的目标函数值分布图

（8）经过 30 次迭代后的目标函数值如图 4-19 所示。此时，$x_1 = 1218397.86$、$x_2 = 19.94$、$\min F(x) = 0.49$。

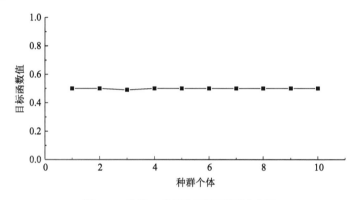

图 4-19　迭代 30 次后的目标函数值分布图

（9）经过 40 次迭代后的目标函数值如图 4-20 所示。此时，$x_1 = 1218398.46$、$x_2 = 19.94$、$\min F(x) = 0.49$。

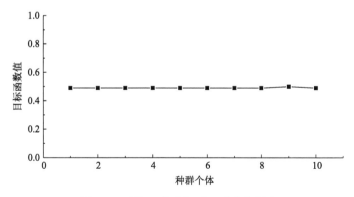

图 4-20　迭代 40 次后的目标函数值分布图

（10）经过 50 次迭代后的目标函数值如图 4-21 所示。此时，$x_1 = 1218398.57$、$x_2 = 19.94$、$\min F(x) = 0.49$。

（11）经过 50 次迭代后，种群目标函数均值的变化和最优解的变化如图 4-22 所示。

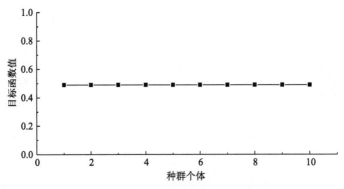

图 4-21　迭代 50 次后的目标函数值分布图

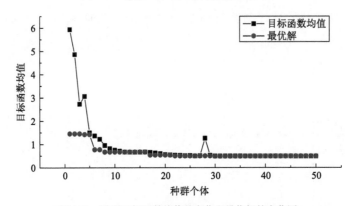

图 4-22　种群目标函数均值的变化和最优解的变化图

对绝热温升规律参数进行反演分析,计算经过 50 代迭代后,目标函数取最优值时,此时,$x_1=1218398.57$、$x_2=19.94$。此时,混凝土的发热量公式为:

$$Q(\tau)' = \frac{1218398.57}{(19.94+\tau)^2} \tag{4-10}$$

2) 反演参数计算的温度场与实测对比情况

对绝热温升规律参数进行反演分析,经过 50 次迭代求解,求得最优值,由反求的绝热温升规律参数以及其他已知参数,对结构重新进行三维数值计算,得到相应的温度场。取中心位置测点 T88 的计算值与实测值进行比较,情况如图 4-23 及表 4-7 所示。

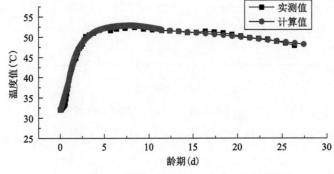

图 4-23　测点 T88 随时间变化的温度计算值和实测值

有限元反演计算结果与实测值比较 表 4-7

t(d)	0	1	2	5	10	15	20	25
实测值(℃)	30	39.3	46.9	51.7	51.8	51.1	49.8	48.5
ANSYS 计算值(℃)	30	39.245	46.799	52.155	52.375	51.047	49.976	48.720
误差(%)	0	0.14	0.22	0.87	1.10	0.10	0.35	0.45

观察中心位置测点的计算值与实测值,通过其历时过程线可知,两者比较接近,反演参数计算的值与实测值在各个特殊时刻的最大误差才 1.1%,说明反演结果基本可满足工程精度要求。

4.5 小 结

经过反演分析,得到绝热温升规律参数的最优解,并通过反演的绝热温升参数求解温度场,通过与实测数据比较分析,验证了利用原型温升试验和反演手段求解混凝土绝热温升规律参数的可行性。

本章参考文献

[1] 张国新,金峰,衫浦靖人.重力坝实测结果的重回归与相关分析[J].水利水电技术,2001, 6:12-15.
[2] 朱伯芳.大体积混凝土温控应力与温度控制[M].北京:中国电力出版社,2003.

第5章 船舶撞击力及人字闸门动力响应分析

5.1 问题的提出

在通航的天然河道或限制性河道上兴建水利枢纽工程后,为了满足通航需要,常常要设置船闸等通航建筑物,而在船闸的进、出口等咽喉部位的闸门则是船闸重要的组成部分之一。人们可以通过开启和关闭闸门来调节上下游的水位和流量,达到泄洪、发电和保证船舶通行的目的,也可以为通航建筑的检修提供条件[1]。然而,全球的海洋航运业快速发展,船舶的大型化进程加快,船只大量增加,船舶的自动化使得船舶航速不断提高,航线也越来越拥挤,并且闸门开门与关门时都是暴露在外的,因而船舶很有可能撞击到闸门,对船闸闸门的安全运行构成严重威胁。例如:天津港自从使用以来,几乎每年都有3000吨级以上的船舶撞击船闸的西闸门,其中2000年和2008年3月的撞击最为严重,闸门面板变形,为此2008年11月有关部门对其进行了更换;2010年4月,长洲水利枢纽1号闸门被船舶撞击,上闸门右边人字闸门钢护舷凹陷,闸门数根背拉杆变形明显,出现较大安全隐患,并且西江梧州段出现严重的滞航现象,750余艘船舶滞航,大量的物资水路进出陷入停顿状态。

闸门碰撞事故一旦发生,船舶受损、船员生命受到威胁,闸门也很可能会产生不利的变形,甚至遭受严重破坏,导致船闸无法正常工作,造成巨大的经济损失。所以有必要对船舶撞击人字闸门整个过程进行计算分析,了解结构的薄弱部位,为工程设计及运用提供参考。

船舶在进出船闸时,影响其航行的因素很多,包括航道内的航行速度、水流流速、操作人员的技术水平等等[2]。船舶与闸门撞击时,会产生巨大的作用力,并产生巨大的能量,撞击的能量转化为船舶的反弹后的动能、结构变形、周围水体吸收的能量等等,但是船舶-闸门碰撞过程中的能量转换、撞击力的大小等问题目前都没有得到很好的解决。船体与闸门结构之间在很短的时间内发生碰撞,产生巨大的撞击力,这个过程是一种复杂的非线性动态响应过程,存在着复杂的非线性现象,如材料非线性、几何非线性、接触非线性和运动非线性等等。所有这些特点使得船舶-闸门碰撞问题的研究变得复杂和困难。目前,国内外很多学者都对船舶的碰撞进行分析,如针对船舶与桥墩、船舶与码头、船舶与船舶之间的碰撞分析,然而对于船舶-闸门之间的碰撞动力分析研究较少,而且计算模型也没有明确的规定,因此,如何正确合理地分析船舶与船闸闸门的碰撞动力学问题是亟待解决的。

5.2 本章主要内容

人字闸门是船闸中常用的闸门结构,一旦遭受撞击,很可能造成巨大的损失,所以必须保证它工作时的安全可靠性。船闸与人字闸门的撞击是一个非线性动力问题,各影响因素对其作用效果还不明确,有必要对其进行深入的计算分析。本章在总结前人研究船舶撞击人字闸门工作的基础上,阅读和查阅了大量相关资料,介绍了人字闸门数学模型的建立。对船舶与人字闸门的撞击的过程进行动力仿真分析,分析了船舶撞击人字闸门过程中产生的撞击力和人字闸门动力特性及其影响因素。基于国内外规范,讨论船舶与船闸闸门之间发生碰撞过程中船舶的撞击力值的大小,并与考虑船舶碰撞结构的动力作用时闸门所受到的撞击力进行对比,提出撞击力取值的建议,有一定的工程意义。本章的主要研究内容如下:

(1)概述人字闸门的结构特点,并介绍了人字闸门与船舶数值计算模型的建立过程。采用附加质量法考虑了流体与船舶的相互作用问题以及对船舶碰撞问题的影响。

(2)讨论船舶撞击高度、吨级、撞击初速度、撞击角度对船舶与闸门碰撞过程中产生的撞击力影响,分析它们之间的关系,对比其与规范之间的差别,提出撞击力取值的建议。

(3)分析船舶与闸门撞击后,人字闸门整体结构的应力与位移在整个撞击过程中的变化情况,了解结构的薄弱部件;并讨论船舶吨级与初速度对人字闸门应力与位移响应的影响。

5.3 接触碰撞数值仿真的基本理论和关键技术

5.3.1 碰撞系统控制方程

对于非线性有限变形的有限元控制方程的描述有两种:拉格朗日描述方法和欧拉描述方法。拉格朗日描述方法是一种比较清晰有效的方法,是以初始态图形为参考,称为质点坐标系描述,一般多在固体力学和结构力学的共识描述中运用;欧拉描述则主要是分析一定的体积物质的运动过程,是以变形态图形为参考的,称流体坐标系描述,在进行大位移分析时要不断地建立新的控制体积,进行方程的求解计算,这样很不方便,所以主要用于流体方面。这里主要介绍拉格朗日描述增量法。

在一个碰撞系统中,取初始时刻 $t=0$ 时,质点在 A 处的固定笛卡儿坐标系下的坐标 X_α($\alpha=1,2,3$);在任意时刻 t,质点运动到了位置 a,在同一坐标系下的坐标为 X_j($j=1,2,3$),这个质点的运动方程可以写成:

$$x_j = x_j(X_\alpha, t) \quad (j=1,2,3) \tag{5-1}$$

方程的初始条件为:

$$x_j(X_\alpha, 0) = X_\alpha \quad (t=0) \tag{5-2}$$

$$\dot{x}_j(X_\alpha, 0) = V_j(X_\alpha, 0) \quad (t=0) \tag{5-3}$$

式中:V_j——初速度。

根据连续介质力学理论,整个碰撞系统必须遵循三大守恒定理(质量、动能和能量守恒)。能量守恒:

$$E = VS_{ij}\varepsilon_{ij} - (p+q)V \tag{5-4}$$

该方程用于状态方程计算和总的能量平衡计算。

式中：V——构形的体积；

ε_{ij}——应变率张量；

S_{ij}——偏应力张量；

q——体积黏性阻力；

p——压力。

式中的 S_{ij} 和 p 由下式可以得出：

偏应力

$$S_{ij} = \sigma_{ij} + (p+q)\sigma_{ij} \tag{5-5}$$

压力

$$p = \frac{1}{3}\sigma_{kk} - q \tag{5-6}$$

式中：σ_{ij}——克罗内积 σ 函数（$\sigma_{ij}=1, i=j; \sigma_{ij}=0, i\neq j$）。

动量方程：

$$\sigma_{ij} + \rho f_j = \rho \ddot{x}_j \tag{5-7}$$

式中：f_j——单位质量的体积力；

σ_{ij}——柯西张量；

$\ddot{x}_j$——加速度。

该方程应满足以下边界条件：应力边界条件、位移边界条件、接触面间断处的跳跃边界条件。

质量守恒方程：

$$\rho = J\rho_0 \tag{5-8}$$

式中：ρ——当前的密度；

J——体积变化率；

ρ_0——初始质量密度。

根据虚功原理，得出：

$$\int_V (\rho x_j - \sigma_{ij,j} - \rho f)\delta x_j \mathrm{d}V - \int_{\partial b1} (\sigma_{ij} - t_i)\delta x_j \mathrm{d}S + \int_{\partial b3} (\sigma_{ij}^+ - \sigma_{ij}^-)n_j \delta x_j \mathrm{d}S = 0 \tag{5-9}$$

式中，δx_j 在 ∂b_2 上满足所有的边界条件。根据散度定理可得碰撞系统中的控制方程式如下：

$$\delta \pi = \int_V \rho \ddot{x}\delta x_j \mathrm{d}V + \int_V \sigma_{ij}\delta_{i,j}\mathrm{d}V - \int_V \rho f \delta x_i \mathrm{d}V - \int_{\partial b_i} t_i \delta x_j \mathrm{d}V = 0 \tag{5-10}$$

式中各个分项分别表示单位时间内碰撞系统的惯性力、内力、体积力和表面力做的虚功。最后对上式进行离散，得到离散方程：

$$\boldsymbol{M}\ddot{\boldsymbol{x}}(t) = \boldsymbol{P}(x,t) - \boldsymbol{F}(x,\dot{x}) \tag{5-11}$$

考虑到黏性阻尼，式(5-11)变成：

$$\boldsymbol{M}\ddot{\boldsymbol{x}}(t) = \boldsymbol{P}(x,t) - \boldsymbol{F}(x,\dot{x}) - \boldsymbol{C}(\dot{x}) \tag{5-12}$$

式中：M、C、P、F——系统的质量矩阵、阻尼矩阵、总体荷载矢量、等效节点力矢量,该式和材料本构方程一起构成碰撞问题的全部方程。

5.3.2 显式有限元算法

用有限元数值方法求解碰撞控制方程时引入了矩阵,使得求解方程组是常微分方程组而不是代数方程组,求解方程组比较常用的方法有振型叠加法和直接积分法。

直接积分法分为显式和隐式求解方法。显式求解为显式时间积分法,即用已知时刻的向量表示另一个时刻的向量;隐式求解是隐式时间积分法,是其包含的新向量只有迭代方法才能求解出。对于线性问题,隐式时间积分法是稳定的,而对于非线性动力学问题无法保证收敛性。而显式时间积分法则可以取较大的时间步长计算非线性动力学问题,并得到较准确的结果。显式时间积分法采用中心差分法,在时刻 t 求解加速度,并考虑沙漏阻尼的影响,得出方程的速度和位移的解,并在新的时刻 $t+\Delta t$ 时,新的几何构形由初始构形 y_a 加上位移增量获得：

$$y_{t+\Delta t} = t_a + x_{t+\Delta t} \tag{5-13}$$

显式时间积分法对质量矩阵求逆即可,不需要对刚度矩阵求逆,方程可以直接求解,不用进行收敛检查。由于所有的非线性特性都包含在内力矢量中,所有只需进行内力计算,只要时间步长小于临界步长,就可以保证求解收敛性[3]。显式求解方法的每一时刻的积分步长是由当前网格的最小单元长度决定的。

在进行显式求解的时候,需要注意中心差分法应采用对角化的质量矩阵,而质量矩阵中的对角元素不能为0,否则就会出现零周期;还有仿真分析的费用大致和时间步长的大小成反比,而积分的精确度与时间步长的大小成正比,所以在进行分析的时候,要考虑在保证足够计算精度下,增大时间步长,缩短中央处理器的处理时间,减少计算费用。

5.3.3 显式求解关键技术

5.3.3.1 沙漏控制

由于单点(缩减)积分单元很容易出现零能模式,即沙漏模态[4],在碰撞系统控制方程中为了防止沙漏变形,人为加上了一个力。沙漏是一种以比全局结构响应高得多的频率振荡的零能模式,它导致了数学上的稳定,但是在物理上又不能发生的变形状态,通常这些单元显现锯齿形网格,没有刚度。

由于沙漏模态对系统的能量平衡产生影响,所以越来越多的人对沙漏控制措施进行研究。最早,Maenchen 和 Sach[5]通过加入人工黏性来限制对边相反方向的旋转来控制沙漏,但这也只对二维问题有效。Belytschko[6]建立了有限差分格式的沙漏模态的有限元格式。而后,Kosloff 和 Frazier 与 Wilkins 等人分别提出了三维沙漏模态的两种算法,他们发现引进一个黏性阻尼或弹性刚度可以控制不良的沙漏模态[7],但该方法对整体稳定模态有影响。沙漏模态仍是很多学者研究的问题。

目前控制沙漏变形的方式有：
(1)网格划分均匀,尽量使用六面体、四角形单元,减少使用三角形、四面体单元。
(2)避免单点荷载,集中荷载应分散到几个相邻的节点上去,可以避免激起沙漏的单元把沙漏模式又传递给相邻单元,导致大范围的振荡。

(3) 采用全积分单元不会出现沙漏,但是计算时间要比其他单元算法的计算时间长,对不可压缩行为、金属塑形和弯曲问题,可能导致不切实际的结果。

(4) 人工调整模型体积黏性。

(5) 增加全局或局部弹性刚度,但不宜过大。

如果用缩减积分单元进行显式计算分析时,沙漏能量不能超过内能的 10%,这样的结果才可以被接受。

5.3.3.2 质量缩放

对于一种给定的材料特性,在进行显式时间积分算法时,模型的时间积分最小步长是由最小单元尺寸 L_{min} 和材料的纵波速 C 所决定的,它是材料性质的函数。在显式计算过程中,单元的变形增大,时间步长不断减小,临界时间步长将变得更小,以致不能完成计算,而缩放质量的方法是一种潜在的提高计算效率的办法。通过质量缩放的方法节省一般的求解时间,增加稳定极限,但只会增加 0.001% 的质量,这对误差是微不足道的。

5.3.4 接触-碰撞数值仿真

5.3.4.1 接触-碰撞基本算法

接触-碰撞分析方法不是用接触单元来模拟接触行为,而是把两个物体分开建立有限元模型,定义可能发生接触的表面,指定接触类型以及相关的一些参数,保证界面间不发生穿透,并考虑其相对运动中摩擦力作用的一种有限元计算方法。该算法通过位移协调条件和动量方程来求解撞击荷载的。它主要包括现在仅用于固连界面的节点约束法、仅用于滑动界面的分配参数法和最常用的对称罚函数法。对称罚函数法原理简单,很少激起沙漏效应、算法稳定。

在船舶撞击闸门时,不同结构可能接触的两个面分别称为主表面(其中单元表面为主片,节点为主节点)和从表面(单元表面为从片,节点为从节点)。动态非线性问题中最关键的就是要处理好这两种界面之间的碰撞接触和相对滑动。这里就简单介绍以上三种算法在处理两种界面之间的接触问题的异同。

(1) 节点约束法。

节点约束法原理:在每一时间步修正构形之前,检查或搜索所有没有和主表面接触的从节点,判断它们是否在此时贯穿了从界面;如果有从节点贯穿,就将时间步长缩小,使没贯穿从节点的都不穿透主表面,或刚到主表面,不再穿透。在进行下一个时间步的计算时,对刚到达主表面的节点施加碰撞条件,对所有已经穿透的节点施加约束条件,防止其进一步地穿透,保证从节点与主表面接触。与此同时,还要检查刚接触的从节点所属的单元是否存在交界面拉力,如出现,则释放约束条件使从节点脱离主表面。

(2) 分配参数法。

分配参数法是由每个从单元的内应力确定每个正在接触的从单元一般质量以及分配到被接触的主表面面积上的分布压力;完成质量和压力的修正后,计算机程序则会修正主表面的加速度。然后约束从节点的速度和加速度,保证从节点沿主表面运动,而不贯穿主表面,从而避免反弹。

(3)对称罚函数法。

对称罚函数法的原理比较简单:在每一个时间步,程序先检查每个从节点是否穿透主表面,如果有从节点穿透,则在这些从节点与主表面之间引入一个较大的界面力,其大小与穿透深度、表面刚度成正比,称为罚函数值;而对那些没有穿透的从节点则不做任何处理,这样做可以减少中央处理器计算时间,提高效率。罚函数值的物理意义是在从节点和被贯穿主表面之间放置一个方向的弹簧,用来限制从节点对主表面的穿透。对称罚函数法同时再对主节点进行处理,处理的算法和从节点是一致的,这样就保证主从节点都能不产生穿透。计算中可以调整罚函数值或缩小时间步长来解决穿透问题。

5.3.4.2 接触界面定义与控制

(1)接触类型。

为了充分描述在动力撞击中复杂的几何物体之间的相互作用,碰撞分析主要定义了三种基本的结构类型:单面接触、节点-表面接触和表面-表面接触。

单面接触是用于一个物体表面的自身接触或它与另一物体表面接触,它将自动判断模型中哪处表面发生接触,并允许一个模型所有外表面都可能发生接触,这对于那些预先不知道接触表面的接触问题很有用,因此它是最简单的,也是最常用的。

节点-表面接触通常用于两个表面发生接触,需要定义哪个表面是目标面,哪个表面是接触面。定义接触和目标面的一般规律是:平直的或凹面是目标面,凸面是接触面;粗网格是目标面而细网格是目标面。

表面-表面接触是当一个物体的表面穿透另一个物体的表面时使用,通常用于任意开关有相对较大接触面积的物体之间的接触中。这类接触对处理物体之间的相对滑动(如块状物体在平板上滑动、球在槽内滑动)比较有效。

(2)接触刚度控制。

两个物体发生接触时,为了避免相互贯穿,必须建立刚度联系,所以接触刚度控制是十分必要的。利用对称罚函数法计算时得到的接触力等于接触刚度 K 和穿透量 δ 的乘积。穿透量 δ 与接触刚度 K 有关,如果要使接触物体之间没有穿透,则 $K=\infty$,这将导致数值计算的不稳定,所以在计算中通常允许有一个非常微小的穿透量存在,而它由接触刚度控制。

接触刚度 K 与相对刚度关系式为:

对实体单元

$$K=\frac{f_s \times A^2 \times k}{V}$$

对壳单元

$$K=\frac{f_s \times S \times k}{l}$$

式中:f_s——罚因子;

k——接触单元的体积模量;

A——接触表面积;

S——接触片面积;

l——单元最小对角线长度。

(3) 搜索方式的选择。

显式动力计算中提供了两种搜索方法,它们分别是网格连接跟踪(Mesh Connectivity Tracking)和批处理(Bucker Sort Method)。

网格连接跟踪方法是采用相邻单元片共享节点来识别接触域,因此当接触片不再接触时,即可检查相邻的片,其优点是速度快,缺点是网格必须连续以保证算法正确。所以对于不同的区域要给定不同的接触组。

批处理方法把目标表面按区域分成很多批,接触节点可以和同一批或相邻批中的目标单元接触。这种算法很可靠,但缺点是目标表面的单元数较多时,它比另一种搜索方法要慢。

5.3.4.3 摩擦力的影响

船舶-闸门碰撞问题中,接触碰撞界面之间可能会发生相对滑动,所以它的计算也包括摩擦力因素的确定。早在1781年,库仑就证实了摩擦阻力与负荷载成正比,与滑动接触面面积无关,并对静摩擦和动摩擦做了明显的区分,观察到动摩擦系数几乎与滑动速度无关。这个结论由于其简单的力学形式得到了广泛的利用。在本节中也把摩擦现象视作最简单的库仑摩擦。

船体与闸门撞击中的摩擦问题属于钢与钢之间的摩擦,它们之间的摩擦系数随润滑条件的不同而不同,一般都在0.03~0.45之间变化,钢结构碰撞中的摩擦系数即干摩擦系数高于润滑情况下的摩擦系数。同时还需要对库仑摩擦定律做一些修正的是摩擦系数并不是完全和压力成正比,在变形的弹性阶段随着压力的增大而增大;在塑性变形区,摩擦系数变化比较复杂,一般随着压力增大而变化。由于摩擦能量损失并不大,而且船舶碰撞发生在水中,所以本节简化摩擦计算,静、动摩擦系数取值相等,都是0.1,不随压力变化。还要注意的是,摩擦能与变形能相比较小,撞击动能的损失主要还是被结构的塑性变形所吸收的部分[8]。

5.4 船舶-人字闸门碰撞有限元模型

船舶-人字闸门碰撞分析的一般流程是:通过调查等方法得到船舶、闸门合理的几何尺寸、材料模型与参数;建立船舶、人字闸门几何模型;选取合适的本构模型建立实体模型;施加合理的边界条件和约束条件;定义接触信息;利用显式非线性动力有限元理论进行计算;计算结果的后处理及分析;得到分析报告。

5.4.1 船舶计算模型

5.4.1.1 材料模型的选取

由于实际船舶的结构很复杂,要建立出完全和实际结构符合的模型是十分困难的;并且采用显式动力有限元方法对碰撞问题进行分析是十分复杂的,这给有限元模型的合理建立带来困难;如果完全依照实际结构建立,可能会导致建模工作量增大数倍,单元数量增加,最小特征尺寸减小,最终导致仿真计算占用中央处理器时间过长,计算规模超出计算机的内外存限制,计算无法进行,所以简化有限元模型是十分必要的。

本节主要研究船舶-人字闸门撞击时的撞击力大小和闸门的动力特性,而不对船体结构的变形进行深入研究,因此可以对船体的计算模型做大规模的简化。本节选用刚体假定,将船舶简化为刚形体,忽略分析中的次要因素,因为刚形体只有 6 个自由度,所以这样可以大大减少显式动力分析的时间,得到足够合理准确的结果。

定义刚形体后,刚体内所有节点的自由度都耦合到刚形体的质量中心上去了,因此不论定义了多少节点,刚形体仅有 6 个自由度,船舶的质量、质心、惯性都是由刚形体的体积和单元密度计算得到的,并加载到耦合中心上。

5.4.1.2 单元介绍

船舶采用三维显式结构实体单元(Solid164 单元),模拟撞击人字闸门非线性碰撞过程。Solid164 单元由 8 个节点构成,图 5-1 描述了 Solid164 的几何特性、节点位置和坐标系,这个单元支持所有非线性特性。该单元默认情况下是用一点的积分加上黏性沙漏控制来加快单元的方程式;也可以选择采用全积分单元算法,采用 $2 \times 2 \times 2$ 的积分方式,没有沙漏模式,但是增加求解时间。

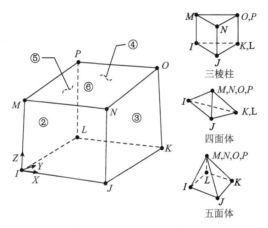

图 5-1　Solid164 单元几何图示

Solid164 单元可以采用退化单元。楔形、锥型和四面体单元是六面体单元的退化产物,这些形状在弯曲时经常很僵硬,有些情况下还有可能产生问题,因此在建模的时候需要避免使用这些退化形状的单元。

5.4.1.3 流体对船舶的影响

船舶与闸门碰撞过程中,船舶周围的流体对碰撞也产生了影响。在有限元计算中要考虑它们之间的相互作用力,通常采用流固耦合法、等效船体梁法与附加质量法。

流固耦合法是一种能准确考虑结构与流体之间相互作用的方法。它通过把相撞船舶周围的水划分成一定数量的欧拉有限元,利用流固耦合模型同步计算结构变形和流场的运动及作用。但是进行流固耦合计算往往会花费大量的计算时间,和附加质量法相比,可能会增加 100 倍的时间,这就造成了流固耦合方法的局限性。

等效船体梁法是将未发生损伤变形的船体结构质量部分分离出来,以等效船体梁的方法加到有限元模型上,这样提高了工作效率和仿真的计算速度,但是这样处理可能会导致边界条件和实际情况不一致,传力的过程也将出现差异,并带来船体运动的提前或滞后,从而直接影响碰撞过程中能量的变化曲线。

附加质量法是把相撞船舶周围的水的影响以船体附加质量的形式来考虑,减少了复杂的流固耦合的计算时间,节约中央处理器时间。附加质量的大小由船舶的型线特征、碰撞历程等决定。目前,附加质量可以采用经验公式法、切片法进行估算。

本节采用附加质量法来仿真模拟流体对船舶的作用。

5.4.2 人字闸门计算模型

5.4.2.1 某工程人字闸门尺寸

本节以某船闸工程为例进行分析,人字闸门结构为平面横梁式人字闸门,每一门扇都是由承重结构、支承部件等组成。每扇人字闸门的门扇宽度为 $1.65m$,门扇高度为 $19.75m$,面板的厚度为 $0.012m$,主横梁 15 根,竖次梁共 7 列,门轴柱与斜接柱各 1 列。主横梁的腹板平均高 $1.8m$,厚度为 $0.014m$,翼缘宽 $0.3m$,厚度为 $0.020m$;竖次梁腹板平均高 $1.48m$,翼缘宽 $0.2m$,厚 $0.12m$;材料选用 Q235B 钢材。船闸人字闸门结构示意图见图 5-2。

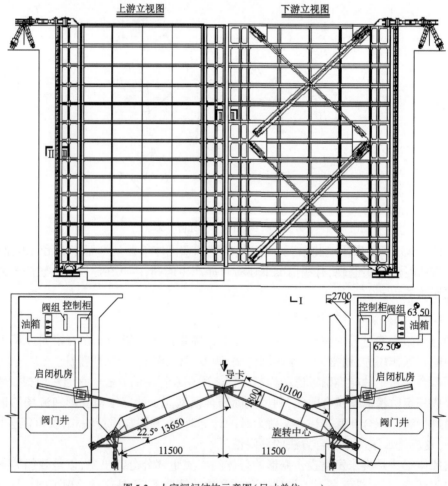

图 5-2 人字闸门结构示意图(尺寸单位:mm)

5.4.2.2 几何建模

几何建模是要准确地描述闸门整体和各个部件的形状尺寸、相对位置,以及每个部件的连接状况。人字闸门的结构由挡水面板、主梁、次梁、隔板、背拉杆、门轴柱、斜接柱等门扇承重结构以及支撑部件组成;单扇结构是绕闸门顶、底枢轴心竖直连线水平转动的钢闸门结构,系由杆、板、梁组成的空间钢结构。由于人字闸门的结构比较复杂,进行力学分析时就存在多种处理方案[9-15],比较常见的方法有:简化为简单的平面梁受力;将整个梁格部分视为杆件体系;将整个结构看作薄壳结构而进行有限元分析。人字闸门在进行有限元分析的时候,从受力的角度来看,把主要承受沿法线方向压力和绕切线方向弯矩的面板看作薄壳构件,把主要承受剪力和弯矩的主、次梁和主要受轴力作用的背拉杆视为空间梁杆构件,无疑是比较精确的。

确定人字闸门的各个部件的形式后,就要准确地确定出各个部件的相对位置,也就是确定出关键点的位置,再由点生成线,由线生成面,最终建立出整个结构的三维空间几何模型。

5.4.2.3 实体建模

由上文几何建模时的分析可知,人字闸门的受力具有空间特征,根据各个部件的受力特性具体选用了以下显式动力分析单元:薄壳单元(Shell163)和空间杆单元(Link160)。

(1)薄壳单元 Shell163。

显式薄壳单元 3D Shell163 为 4 节点的空间薄壳单元,有弯曲、剪切和膜特性,每个节点具有 12 个自由度,该单元支持显式动力学分析所有非线性特性。具体形状见图 5-3。

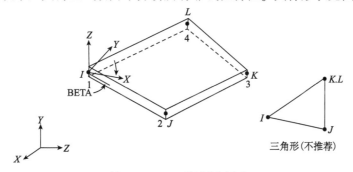

图 5-3 Shell163 单元几何图示

Shell163 单元共有 12 种算法供选择,每种算法都有各自的特点,它们分别为单点积分的 Belytschko-Wong-Chiang 算法、单点积分的 Belytschko-Leviathan 算法、单点积分的 Huges-Liu 算法、4 个积分点的 S/R Huges-Liu 算法、快速 S/R Huges-Liu 算法、全积分 Belytschko-Tsay 算法、Belytschko-Tsay 薄膜单元算法、全积分 Belytschko-Tsay 薄膜单元算法、C0 三角形薄壳单元算法、BCIZ 三角形薄壳算法,各种单元的算法还可以选择沿厚度方向的积分点个数。

本节选用全积分 Belytschko-Tsay 算法的 Shell163 单元来模拟人字闸门的面板、主横梁、竖隔梁的腹板及翼缘以及门轴柱和斜接柱的组成板件。

(2)杆单元 Link160。

显式动力学空间杆单元 Link160 是用 3 个节点定义单元,每个节点有 3 个自由度,并且只能承受轴向荷载,它支持显式动力学分析的所有非线性特性。这种单元用来模拟人字闸门的背拉杆。

显式有限元计算的重要特点是采用时步积分,而时间步长又主要依赖于整个模型的最小单元长度,所以为了提高计算精度,又不增加太多的计算时间,对人字闸门的网格控制最小特征长度在 0.125m 左右,整个人字闸门具体划分单元类型及其个数为:Shell163 单元 55610 个,

Link160 单元 448 个,总共 56058 个单元,共 53905 个节点。

5.4.2.4 约束的处理

船舶与人字闸门发生碰撞时,主要发生在闸门关门状态和闸门开门状态时,在闸门运动过程中较少发生。人字闸门的边界约束条件主要有:顶枢、底枢、启闭杆、门轴柱处的支枕垫(块)和斜接柱处沿船闸纵轴线垂直方向的位移约束等情况。关门状态时,在支枕垫(块)处沿拱压力线方向和闸门中缝斜接柱处垂直方向设置位移约束;开门状态时,在顶枢处分别布置水平面内沿两拉杆方向的杆约束,并且在底枢处在水平面内、竖直方向布置连杆约束,还要沿启闭杆方向布置杆约束;其他各种约束分别按各自方向上的位移约束处理[16-18]:顶、底枢可以直接对顶、底枢的结点限制位移,相对比较简单,具体的做法是根据不同工况下门扇的转动情况判断顶、底枢拉杆的反力方向,限制顶、底枢结点此方向的平动自由度位移为零;启闭杆随着门扇的转动启闭方向在不断地变化,所以每种工况其启闭杆处结点的约束有所不同,因此根据不同情况来施加启闭杆处结点的位移约束使得此处结点沿启闭杆方向自由度位移为零;根据模型上有效自由度的情况在此处的结点施加对称约束,这是由于斜接柱处支枕垫是人字闸门组成三铰拱的铰点部件,是闸门两个门扇的相交点[17-18]。

5.4.2.5 有限元模型

通过几何建模与实体建模的介绍,本节对主横梁、竖次梁的腹板和翼缘以及面板用薄壳单元进行模拟,对人字闸门背拉杆用杆单元进行模拟,有限元网格见图 5-4。

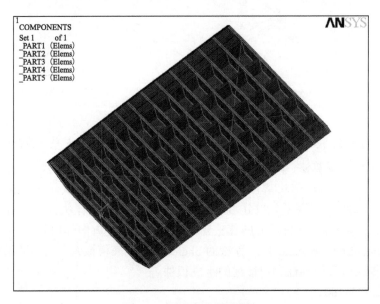

图 5-4 人字闸门有限元模型

5.5 船舶撞击力分析

船舶与闸门撞击是一个瞬态过程,与船舶吨级、撞击初速度、撞击角度、撞击的位置以及撞击持续的时间等因素有关。在工程设计中,船舶撞击力的计算方法有很多种。每种计算方法中考虑的撞击力因素也各不相同。《水利水电工程钢闸门设计规范》（SL 74—2018）中的计算公式考虑了船舶的重力、速度和撞击持续的时间；苏联的经验公式考虑了船舶的重力和水流条件对撞击的影响。然而船舶撞击过程是一个复杂的非线性过程。本章就船舶撞击高度、船舶吨级、撞击初速度、撞击角度四个方面的因素进行计算分析，了解它们对船舶撞击力的影响，为撞击力的选取提供科学依据。

5.5.1 计算工况

为了分析船舶-闸门撞击过程中各个因素对撞击力的影响，分析考虑了以下计算工况：

（1）根据《船闸总体设计规范》（JTJ 305—2001）中的规定，船舶在进出闸室时的平均速度为 1~1.5m/s；另外参考多个撞击事故工程的资料及文献，船舶的航行速度可能为 3m/s；同时为了分析撞击力及人字闸门动力响应随速度变化趋势，选取了一个极端速度 4m/s。所以本节分别选取 500 吨级、1000 吨级、2000 吨级、3000 吨级船舶以 1m/s、2m/s、3m/s、4m/s 的初速度正撞人字闸门 9.9m 处为例，共 16 种工况，分析船舶吨级、撞击初速度对撞击力之间的影响。

（2）以 2000 吨级船舶、撞击初速度 2m/s、撞击角度 90°为例，沿闸门高度方向，选取 4.4m、7m、9.9m、14.4m、17.6m 这五个工况，计算分析不同撞击高度对船舶撞击力的影响。

（3）以 2000 吨级船舶、撞击初速度 2m/s、撞击角度为 25°为例，计算考虑平行闸门分速度与不考虑这个分速度两种工况，分析撞击角度对船舶撞击力影响（图5-5）。

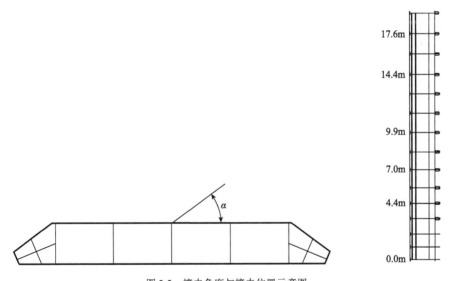

图 5-5 撞击角度与撞击位置示意图

5.5.2 撞击高度对船舶撞击力的影响

为了分析不同撞击位置对船舶撞击力的影响，选取了 5 个撞击位置进行计算分析，其中 9.9m 的位置是人字闸门上下两层背拉杆分界处。不同工况下船舶撞击力时程曲线见图 5-6~图 5-9，不同撞击高度下撞击力与时间整合表见表 5-1。

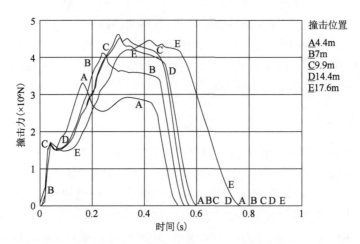

图 5-6　不同撞击高度下船舶撞击力时程曲线

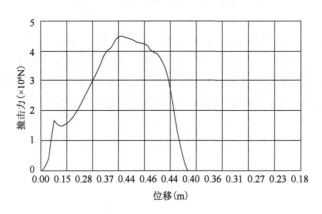

图 5-7　9.9m 工况下船舶撞击力随位移变化曲线

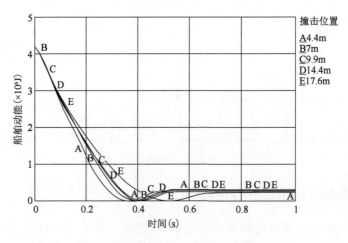

图 5-8　不同撞击高度下船舶动能时程曲线

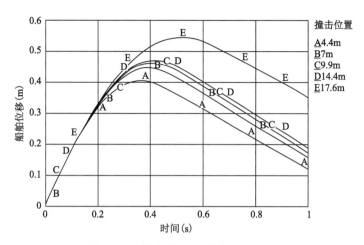

图 5-9 不同撞击高度下船舶位移时程曲线

不同撞击高度下撞击力与时间整合表　　　　表 5-1

工况	4.4m	7m	9.9m	14.4m	17.6m
F_{max}(MN)	3.3	4.1	4.6	4.5	4.4
T(s)	0.53	0.55	0.57	0.59	0.77

注：F_{max} 为撞击力最大值；T 为整个撞击过程持续的时间。

分析不同撞击高度下船舶撞击力时程曲线图，可以得到以下结论：

(1)在其他条件都相同的情况下，船舶以不同的撞击高度撞击闸门时，撞击力随时间变化的趋势是一致的，并且碰撞力时程曲线都具有很强的非线性特征。在船舶未与闸门接触时，撞击力为零，随着碰撞过程的进行，撞击力不断增大到第一个峰值；然后随着人字闸门构件变形的增大，一部分构件在碰撞过程中将会退出碰撞，从而导致撞击力下降，即卸载现象；但由于力的传递性，更多的构件抵抗碰撞，撞击力进一步增大，达到最大值；而后另一部分的构件失效，撞击力下降；最后船舶会获得一个反向的微小速度退开，碰撞力迅速衰减为零，船舶与人字闸门分开。

(2)每种工况下，撞击力由零值增至第一个峰值的这段曲线十分接近，并且第一个峰值的大小和产生的时刻也很接近。这说明在初始总能量相同的情况下，撞击高度对撞击力初期变化过程没有影响。分析其原因为：在碰撞刚发生时，船舶与人字闸门局部范围内的构件接触，因而影响撞击力变化的只有局部范围内的构件。虽然撞击的高度不相同，但各种工况都是撞击在人字闸门的主梁上，并且主梁的尺寸都相同，所以撞击初期，与船舶接触的构件的范围是相同的，产生的撞击力也是相同的。

(3)结合图 5-2、图 5-4 以及表 5-1 可以看出：9.9m 工况时产生的船舶撞击力 F_{max}（最大撞击力）与船舶碰撞结束时的动能 $E_{k终}$ 最大。而 7.0m 工况大于 4.4m 工况下的撞击力与动能，17.6m 工况小于 14.4m 工况下的撞击力与动能。这表明撞击人字闸门背拉杆上下两层分界处时产生的撞击力最大；低于分界高度撞击主梁时，撞击力随高度减小而减小；高于分界高度撞击主梁时，撞击力随高度的增大而减小。在初始船舶的动能相同的情况下，$E_{k终}$ 越大，表明船舶速度改变量越大，由冲量定理可知，船舶撞击力与时间的乘积越大，而撞击时间很短暂，所

以船舶撞击力 F_{max} 越大。

(4) 从图 5-3 可以看出，在 9.9m 工况下，船舶达到最大位移时，也就是船舶动能达到零值时，撞击力并不为零，然后随着位移的减小，撞击力急剧减小。这说明在船舶发生最大位移时，由于人字闸门需要恢复一部分的弹性变形，使船舶与人字闸门之间还是接触在一起，碰撞还未结束；但因为人字闸门的这部分弹性变形很小，船舶与闸门很快发生分离，撞击力也骤降至零值。

(5) 结合图 5-2、图 5-4、图 5-5 以及表 5-1 可知，撞击高度越高，船舶动能吸收的速率越小，位移越大，撞击持续的时间 T 越长。

(6) 由于瞬时内力超过闸门强度都会导致其变形或开裂，所以工程设计中应以撞击动态峰值为依据，建议在计算撞击力时，考虑船舶撞击人字闸门 9.9m 处是比较合理的。

5.5.3 船舶吨级对船舶撞击力的影响

船舶的质量是指船舶满载时的排水吨位，它等于满载时船舶排开水的体积。它是影响船舶撞击力的重要因素之一，但是它和撞击力之间具体的关系尚不明确。结合撞击高度对撞击力影响分析结论，为分析船舶吨级对撞击力的影响，选取 500 吨级、1000 吨级、2000 吨级、3000 吨级船舶以一定的速度正撞船闸人字闸门 9.9m 处的工况进行计算分析，得到以下结论与建议。

图 5-10～图 5-13 分别为不同吨级船舶以不同初速度撞击船舶时撞击力时程曲线对比图，从图中可以得到以下结论：

(1) 500 吨级船舶以 1m/s 的初速度撞击闸门时，撞击力时程曲线只出现一个峰值（极大值），撞击时间较短，闸门受到撞击后并未出现构件失效的现象。1000 吨级、2000 吨级、3000 吨级船舶以 1m/s 的初速度撞击、500 吨级、1000 吨级船舶以 2m/s 的初速度撞击以及 500 吨级船舶以 3m/s 撞击等 6 个工况下，撞击力曲线出现两个峰值，闸门受撞后一次出现构件失效现象。3000 吨级以 4m/s 的初速度撞击时，撞击力曲线有四个峰值，闸门受撞后三次出现构件失效现象。而其他 9 种工况下，撞击力曲线都出现了三个峰值，闸门受撞后有两次出现构件失效现象。这说明，船舶的动量越大，闸门受撞后构件失效的现象出现的次数越多，撞击越激烈。

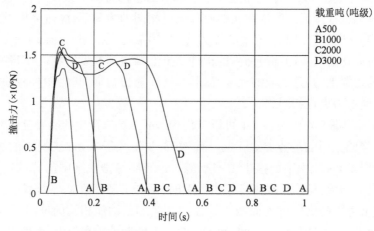

图 5-10　不同吨级船舶以 1m/s 初速度撞击时撞击力时程曲线

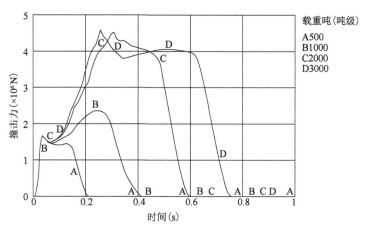

图 5-11 不同吨级船舶以 2m/s 初速度撞击时撞击力时程曲线

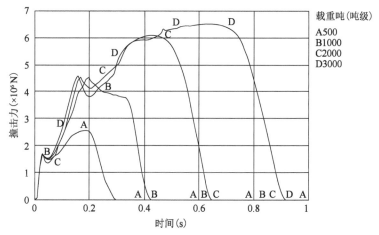

图 5-12 不同吨级船舶以 3m/s 初速度撞击时撞击力时程曲线

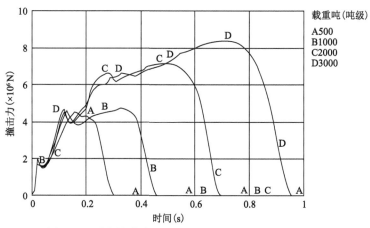

图 5-13 不同吨级船舶以 4m/s 初速度撞击时撞击力时程曲线

（2）当船舶撞击初速度相同时,不同吨级船舶撞击产生的撞击力从零值增大到第一个峰值的曲线十分接近,第一峰值随吨级的增大而略有增大。这说明船舶吨级对撞击力初始变化速率的影响很小。

(3)船舶以相同初速度撞击闸门时,撞击力 F_{max} 随船舶吨位的增大而增大,呈现非线性增长关系。各工况下撞击力 F_{max} 具体数值见表 5-2。

不同吨级船舶撞击下撞击力 F_{max} 整合表　　　　　表 5-2

初速度	载重吨			
	500 吨级	1000 吨级	2000 吨级	3000 吨级
1m/s	1.35MN	1.585MN	1.591MN	1.613MN
2m/s	1.685MN	2.36MN	4.6MN	4.603MN
3m/s	2.57MN	4.536MN	6.16MN	6.523MN
4m/s	4.512MN	4.736MN	7.156MN	8.397MN

5.5.4　船舶初速度对船舶撞击力的影响

为了研究船舶撞击初速度对撞击力的影响,本节选取了 1m/s、2m/s、3m/s、4m/s 四个初速度进行计算分析。图 5-14 ~ 图 5-17 分别为 500 吨级、1000 吨级、2000 吨级、3000 吨级船舶以不同初速度撞击时撞击力时程曲线图。

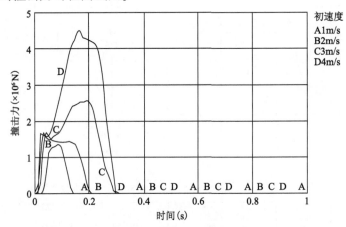

图 5-14　500 吨级船舶以不同初速度撞击时撞击力时程曲线

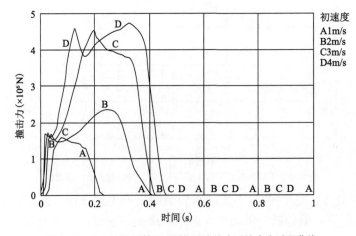

图 5-15　1000 吨级船舶以不同初速度撞击时撞击力时程曲线

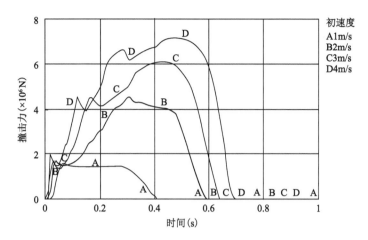

图 5-16　2000 吨级船舶以不同初速度撞击时撞击力时程曲线

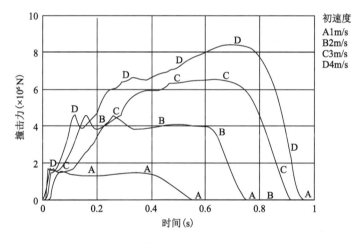

图 5-17　3000 吨级船舶以不同初速度撞击时撞击力时程曲线

通过对图 5-14～图 5-17 的观察和分析，可以得到以下结论：

（1）相同吨级船舶撞击闸门时，对于撞击初速度较高的情况，船舶与闸门撞击以后，碰撞的现象更加显著，随着船舶位移的增大，导致闸门结构的变形和失效，因而非线性特征很明显；撞击初速度较低时，船舶撞击力曲线变化较平缓，船舶与闸门的作用以相互挤压为主，碰撞现象不明显。

（2）相同吨级下，船舶撞击力初期从零值上升到第一个峰值的速率随着撞击初速度的增大而增大，并且第一峰值也随其增大而增大。这说明，船舶撞击初速度越大，材料的应变率越大，材料屈服应力越大，其宏观的表现就是撞击力越大；并且闸门部分构件就越快达到屈服变形而失效。

（3）船舶撞击初速度增大，船舶最大撞击力 F_{max} 也随之增大。由于撞击初速度为零时，撞击力也为零，选取幂函数 $Y = \alpha V^\beta$ 对各吨级情况下 F_{max}-v 关系曲线进行拟合。拟合的结果见图 5-18～图 5-21。

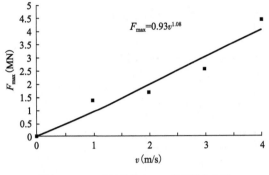

图 5-18　500 吨级船舶 F_{max}-v 关系拟合曲线

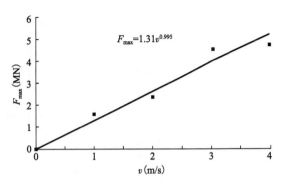

图 5-19　1000 吨级船舶 F_{max}-v 关系拟合曲线

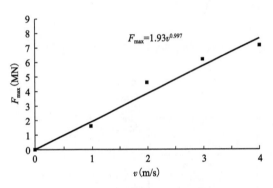

图 5-20　2000 吨级船舶 F_{max}-v 关系拟合曲线

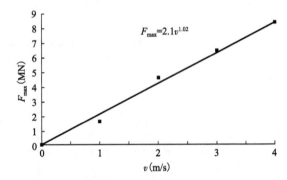

图 5-21　3000 吨级船舶 F_{max}-v 关系拟合曲线

从表 5-3 中可以看出，各拟合曲线都具有很好的相关性。初速度 v 的幂指数都很接近，它们的平均值为 1.023，这说明船舶撞击力与撞击初速度近似成线性关系。

船舶撞击力 F_{max} 与速度 v 的关系曲线拟合结果　　　表 5-3

船舶载重吨(吨级)	F_{max}-v 关系拟合曲线	相关系数 R
500	$F_{max}=0.93v^{1.08}$	0.983
1000	$F_{max}=1.31v^{0.995}$	0.981
2000	$F_{max}=1.93v^{0.997}$	0.992
3000	$F_{max}=2.1v^{1.02}$	0.995

5.5.5　撞击角度对船舶撞击力的影响

船舶进出闸首时，可能会以不同的角度撞击船闸的人字闸门，从而在两个方向产生速度分量：垂直于闸门的速度分量 $v_{\perp}=v\times\sin\alpha$，平行于闸门的速度分量为 $v_p=v\times\cos\alpha$。所以在船舶碰撞下，既会在垂直方向产生撞击力，也会在平行方向产生撞击力，这两个方向的撞击能都要通过闸门的变形能吸收。以下就以 2000 吨级船舶以 2m/s 初速度、25°角撞击人字闸门为例分析垂直方向与平行方向对撞击力的影响。图 5-22 为上述两个分量撞击力对比图，图 5-23 为撞击力合力时程曲线图。

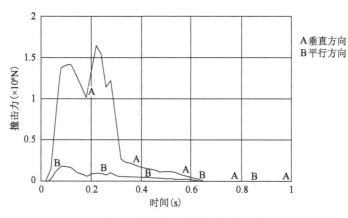

图 5-22 撞击力两个方向分量对比图

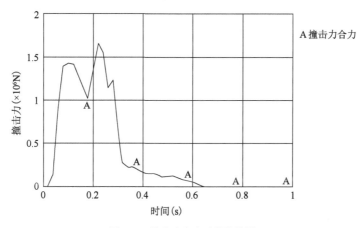

图 5-23 撞击力合力时程曲线图

从图 5-23 中可以看出,撞击力垂直方向和合力的时程曲线基本相同,而且平行闸门的撞击力相对于垂直于闸门的撞击力很小,可以忽略不计,这一点也验证了米诺斯基理论。

为了进一步分析撞击角度对撞击力的影响,选取了 500 吨级、1000 吨级、2000 吨级、3000 吨级船舶,撞击初速度 2m/s,以 10°、25°、40°、55°四个角度撞击闸门进行计算分析。计算得出的最大撞击力数值见表 5-4。

不同角度撞击时最大撞击力汇总表　　表 5-4

载重吨（吨级）	撞击力	撞击角度			
		10°	25°	40°	55°
500	F_α	0.24	0.60	0.89	1.14
	$F_\alpha/F_\perp$	0.14	0.36	0.53	0.67
1000	F_α	0.35	0.87	1.3	1.67
	$F_\alpha/F_\perp$	0.15	0.37	0.55	0.70
2000	F_α	0.68	1.68	2.61	3.20
	$F_\alpha/F_\perp$	0.147	0.365	0.57	0.69

续上表

载重吨（吨级）	撞击力	撞击角度			
		10°	25°	40°	55°
3000	F_α	0.682	1.69	2.63	3.22
	$F_\alpha/F_\perp$	0.148	0.367	0.57	0.70
	$\sin\alpha$	0.17	0.42	0.64	0.82

注：表中 $F_\perp$ 指船舶正撞时的最大撞击力；F_α 指船舶以 α 夹角撞击时的最大撞击力。

分析表5-4，可以得到以下结论：

（1）同一吨级的船舶撞击人字钢闸门时，F_α 随撞击角度的增大而增大。这是由于随着撞击角度的增大，垂直闸门方向的速度分量增大，分量动能增大，撞击的角度也随之增大。

（2）各种工况下 $F_\alpha/F_\perp$ 的比值都小于 $\sin\alpha$ 的值，因此，船舶以一定角度撞击闸门时，若直接乘以 $\sin\alpha$ 会有一定的误差且偏于保守。

综上分析，船舶撞击力主要受到垂直闸门方向分量的影响，而平行分量对其影响可以忽略不计；并且计算船舶撞击力时直接乘以 $\sin\alpha$ 会有一定的误差且偏于保守。因此，在计算撞击力时应考虑当地水流情况、船舶情况等，确定船舶合理的靠船角度，选取相应角度下的撞击力作为设计依据。

5.5.6 击力数值计算结果与国内外公式比较

根据本章第一节对船舶-闸门撞击力计算公式的综述可知，国内外各种公式计算撞击时考虑的撞击力影响因素都不尽相同，数值计算考虑的因素也与其他公式有所不同。为了分析各种方法的不同点，本节比较了数值计算与各种公式计算出的撞击力结果，见图5-24～图5-27。

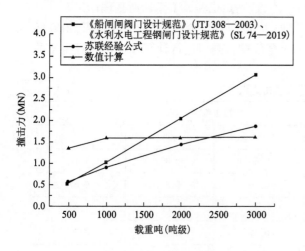

图5-24 1m/s初速度正撞时各公式与数值计算结果撞击力比较图

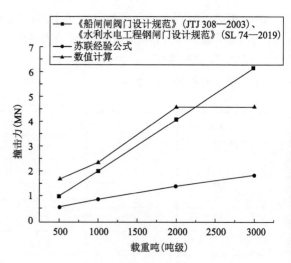

图5-25 2m/s初速度正撞时各公式与数值计算结果撞击力比较图

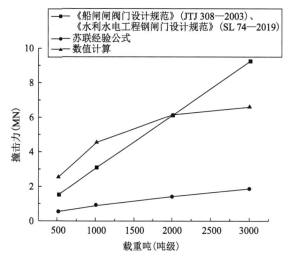

图 5-26　3m/s 初速度正撞时各公式与数值计算结果撞击力比较图

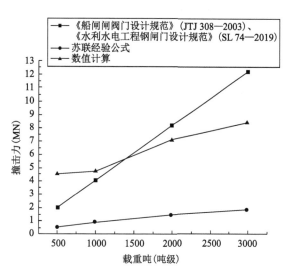

图 5-27　4m/s 初速度正撞时各公式与数值计算结果撞击力比较图

图 5-21~图 5-24 中数值计算结果为船舶正撞人闸门 9.9m 处的结果。通过第 5.4.2 节中对撞击高度影响分析可知,船舶撞击人字闸门 9.9m 处时,撞击力最大,可以为工程设计提供安全的数据。所以本节取撞击 9.9m 处的计算结果与国内外的公式进行对比是比较合适的。

结合前文对国内外规定和计算公式的综述与各工况撞击力对比图(图 5-24~图 5-27)进行分析,可以得到以下结论:

(1)《船闸闸阀门设计规范》(JTJ 308—2003)与苏联规范(CH 303—65)规定中考虑船舶吨级为撞击力的主要影响因素,所以规定了撞击力与闸门的等级有关,给出了一个经验取值;苏联修正经验公式表明船舶撞击力是计算经验系数和吨级的乘积,同样是考虑吨级为主要因素。从对比图中可知,在撞击初速度较小时,苏联经验公式和数值计算结果较接近,而撞击初速度越大,此公式与数值计算结果相差越大。上述三个经验公式关注的是撞击力的时均效应,而对于闸门结构来说即便是瞬时应力超过其强度都会导致变形或开裂,因此对于闸门结构设计时应分析碰撞动态过程,同时考虑船舶吨位及撞击初速度等影响因素,以撞击力峰值为设计依据。

(2)《水利水电工程钢闸门设计规范》(SL 74—2019)考虑船舶的吨级、撞击初速度与撞击持续时间为主要因素。在船舶吨级较小时,数值计算结果大于此公式的计算结果;在两曲线相交处(临界值),此公式计算结果与数值计算结果相等;船舶吨位大于这个临界值时,此公式计算结果大于数值计算结果。经验公式考虑撞击力与船舶吨级成线性关系,而数值计算结果表明船舶吨级与撞击力成非线性关系。

(3)从《水利水电工程钢闸门设计规范》(SL 74—2003)中撞击力计算公式可以看出,船舶撞击力与船舶撞击前速度成线性关系,数值仿真计算分析结果同样验证了这一个结论。这也说明了撞击初速度也是撞击力影响的主要因素之一。

总之,目前对船舶撞击力的大小有一些规定可循,多为总结的经验公式,一般不考虑船舶与结构之间发生碰撞时的振动,不考虑结构的动力响应。从理论上讲,与实际的撞击值有一定出入。

船舶撞击闸门是一个动态的过程,撞击力是随时间发生变化的,要准确计算其大小,数值仿真分析是一种科学有效的计算方法。它可以同时考虑撞击高度、船舶吨级、撞击初速度、撞击角度等因素对船舶与闸门撞击过程的影响。在条件允许的情况下,建议利用数值仿真计算方法计算船舶撞击力,选取适合相应工程设计要求的撞击力,为工程设计提供科学依据。

5.6 人字闸门动力响应分析

5.6.1 人字闸门整体结构动力分析

船舶与人字闸门之间的碰撞是一个动态过程,人字闸门的应力与位移都是随着时间的变化而发生改变的。本节以2000吨级、2m/s速度的船舶正撞人字闸门9.9m处的工况为例,分析人字闸门整体结构受撞后的应力与位移变化情况,从而了解结构的薄弱部位。

5.6.1.1 应力响应分析

船舶与闸门接触碰撞过程中,产生了巨大的撞击力。这个撞击力瞬时作用在闸门上时,闸门肯定会产生很大的应力,并且结构的应力分布情况也是随着时间的变化而发生改变的,图5-28~图5-32为船舶与人字闸门撞击过程中各时刻结构等效应力分布情况。

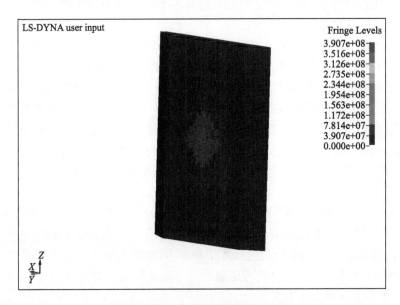

图5-28 在0.01s时刻等效应力云图

在船舶与人字闸门发生碰撞的一刹那,在撞击点位置产生的等效应力最大,并逐渐向四周传递。在0.01s时产生应力的范围较小,集中在撞击点附近。最大等效应力为390MPa。

随着碰撞的进行,产生应力的范围逐渐扩大。在0.1s时,最大撞击力的位置在被撞击的主梁与相邻次梁的节点单元(单元15339)上,此时的最大撞击力为440MPa。闸门结构只在船舶撞击区域附近产生很大的应力集中。

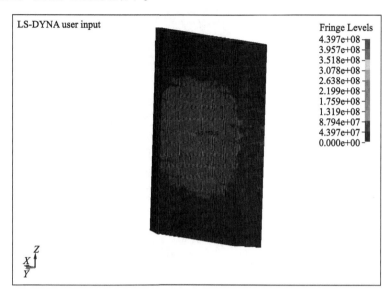

图 5-29 在 0.1s 时刻应力云图

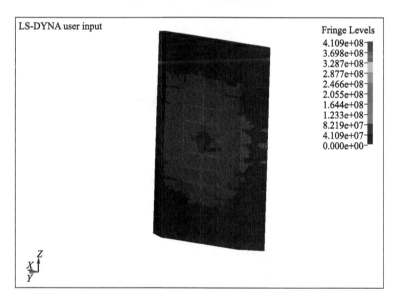

图 5-30 在 0.16s 时刻应力云图

在 0.16s 时,人字闸门结构上等效应力的最大值减小,值为 410MPa,并且最大值的位置也发生了改变,发生在撞击位置的低一层主梁与次梁的节点处(单元 29670)。结合图 5-31 进行分析:在船舶撞击的过程中,撞击位置处的部分构件产生塑性变形,达到失效应变,应力急剧下降至零值,同时应力分布范围增大,这都导致最大撞击力数值下降。而低一层主梁与次梁节点处也是许多应力的交汇处,极易达到峰值。

在 0.50s 时,结构产生应力的区域达到最大。结构最大等效应力数值减小,值为 367MPa,

并且最大应力发生的位置出现在撞击力位置附近的次梁上(单元 19316)。这是由于此时的船舶已经沿反方向运动。

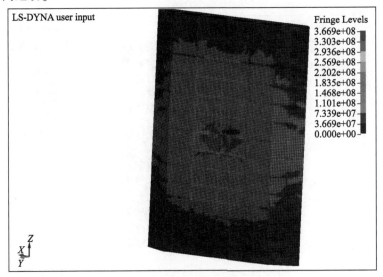

图 5-31　在 0.50s 时刻应力云图

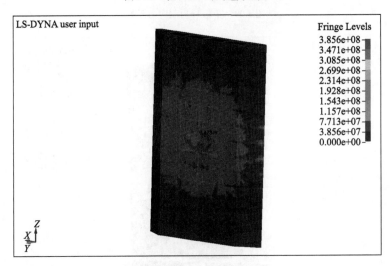

图 5-32　在 0.57s 时刻应力云图

在 0.57s 时,船舶与闸门发生分离,撞击过程结束,离撞击位置较远的部件恢复弹性应变,应力减小或消失,而在撞击位置附近产生了塑性变形,变形无法全部恢复,所以残余了部分应力。闸门结构同样只在船舶撞击区域附近产生很大的应力集中。

结合图 5-28~图 5-33 进行分析:在撞击瞬间,撞击点位置的等效应力范围最小;从 0.01~0.1s,随着船舶的正向运动以及应力的传播,结构产生应力的范围逐渐增大,而应力的传播速度小于撞击位置处结构的变形速率,所以在主梁与次梁交接的节点处的等效应力也逐渐增大;0.1s 后船舶继续正向运动,撞击点位置部分构件因达到失效应变,其等效应力急剧降低至零值,退出抵抗作用,而低一层的主梁与次梁交接的节点处的等效应力逐渐升高,这一点可以从图 5-33 中 A 曲线在 0.1s 后急剧减小,B 曲线在 0.1s 后逐渐上升的现象中得到证实;在 0.40s 左右,船舶开始反向运动,结构等效应力减小,在0.50s时降至最小值,这说明了应力的滞后性;然而此时船舶与闸门并未分离,闸门对船舶产生反作用力,结构的等效应力增加;在0.57s时,船舶与闸门分离,撞击结束,部分部件由于产生塑性变形,产生残余应力,结构等效应力最后趋于稳定。

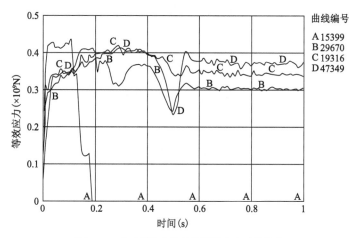

图 5-33　各时刻代表性单元等效应力时程曲线

从以上的分析中可以看出,闸门结构在船舶撞击区域附近产生很大的应力集中,其他大部分结构构件和应力水平均不大;在被撞击主梁与次梁连接的节点处以及低一层的主梁与次梁连接的节点处的等效应力较大,是应力的交汇处,相对比较薄弱,建议进行加固处理。

5.6.1.2　位移响应分析

构件受力变形后,构件上各个点、各条线和各个面都有可能发生空间位置的改变,这种改变为位移。船舶撞击人字闸门时,结构肯定会发生一定的位移,如果位移过大,很可能会影响船闸人字闸门的正常运行。以下就从人字闸门整体结构的位移变化过程进行分析,图 5-34 ~ 图 5-37 为各时刻人字闸门位移云图。

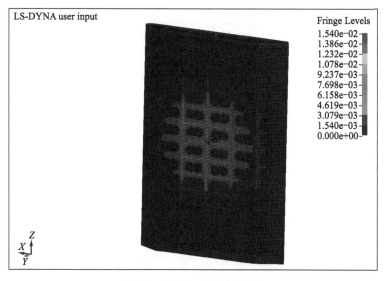

图 5-34　在 0.01s 时刻位移云图

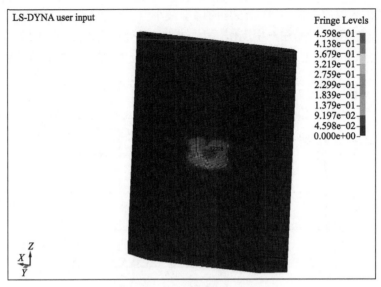

图 5-35　在 0.4s 时刻位移云图

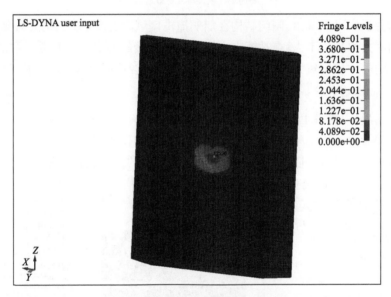

图 5-36　在 0.56s 时刻位移云图

分析图 5-34~图 5-37 可以看出：在撞击刚开始时，人字闸门整体位移较小；随着船舶的正向运动，位移逐渐增大；在 0.4s 左右的时间达到最大值，随后船舶开始反向运动，并且结构开始恢复弹性变形，所以随后位移逐渐减小；在 0.56s 左右的时刻达到最小值，而最小值并不为零，这是由于结构产生了塑性变形，导致无法返回到原来的位置。

从位移云图中可以看出，船舶撞击闸门后，闸门结构在撞击点位置处产生的位移最大，即第 12226 号节点位置，最大值为 0.46m，远远大于《船闸闸阀门设计规范》(JTJ 308—2003)中规定的 0.002m 的位移要求；但是位移较大的区域主要集中在撞击点附近，而大部分区域的位移都很小(图 5-38)。

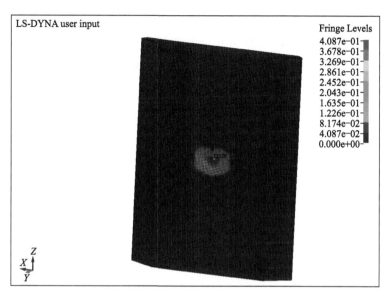

图 5-37　在 1s 时刻位移云图

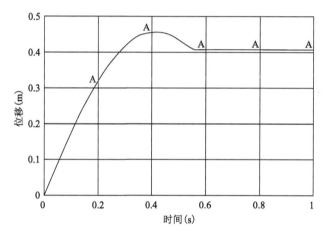

图 5-38　第 12226 号节点位移时程曲线

5.6.1.3　综合分析

综合人字闸门整体结构应力与位移动力响应分析的结果可以得出：撞击的初期，结构应力与位移都逐渐增大，应力的增大速度要比位移的速度快很多；部分构件会因达到钢材的失效应变(0.35m)而失效退出工作，应力降至零值；随着船舶的反向运动的开始，位移开始降低，而应力在分开的一瞬间降低而后上升，直到船舶与人字闸门分离时，位移与应力达到稳定值，部分构件产生了塑性变形与残留应力。

应力与位移较大的区域都集中在撞击点附近，其他大部分构件应力与位移水平都不大，需在撞击局部区域设置防撞或加固；并且在被撞击主梁与次梁连接的节点处以及低一层的主梁与次梁连接的节点处是应力的交汇处，相对比较薄弱，建议进行加固处理。

5.6.2 不同工况下闸门动力响应比较

为了研究在不同船舶吨位、不同撞击初速度条件下闸门的动力响应,本节计算时考虑了500吨级、1000吨级、2000吨级、3000吨级船舶以1m/s、2m/s、3m/s、4m/s的初速度撞击,共16种工况。

5.6.2.1 应力响应比较

(1)不同船舶吨级应力响应比较。

分析2000吨级船舶以2m/s的速度撞击闸门的工况,得出船舶对闸门撞击所产生的作用主要集中在受撞部位附近,表现为受撞点附近发生较大的塑形变形,并出现很大的撞击应力。针对船舶的吨级发生改变时,撞击应力会如何变化这个问题,本文进行了大量的有限元计算,得出以下计算结果。图5-39～图5-42为相同初速度不同吨级船舶撞击时应力响应比较图。

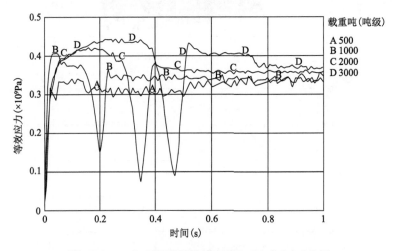

图5-39 1m/s初速度不同吨级船舶撞击时应力响应比较图

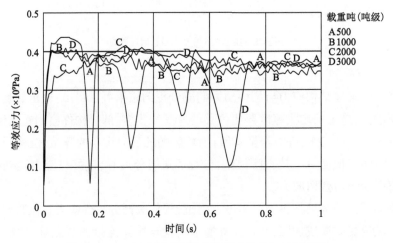

图5-40 2m/s初速度不同吨级船舶撞击时应力响应比较图

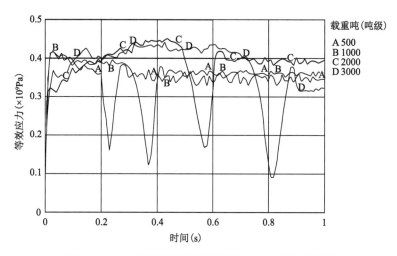

图 5-41 3m/s 初速度不同吨级船舶撞击时应力响应比较图

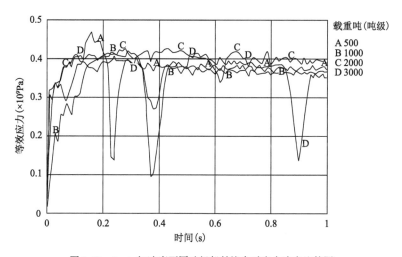

图 5-42 4m/s 初速度不同吨级船舶撞击时应力响应比较图

可以看出,在初速度相同的情况下不同吨级的船舶撞击时,闸门应力响应有相同的趋势:在撞击的瞬间,闸门的应力值迅速增加,随着撞击过程完成,闸门应力值明显减小,而又由于闸门对船舶的反作用,闸门应力又增加,然后在一个小范围内呈现波动情况,最后达到平衡。

在不同吨级船舶撞击时,闸门应力最终值都很接近,不会随着船舶吨级的增大而发生较大的变化,这是由于人字闸门有限元分析采用的是弹塑性模型,在撞击点附近的很小区域进入了弹塑形范围,应力不会一直增大,而是趋向于屈服点应力。而实际上当撞击部位进入塑形状态,并出现塑性变形时,应力达到屈服点后应力也是不再增加的,将进行应力重分布,所以利用弹塑形模型进行闸门有限元分析简化了计算,减少了计算工作量,并在一定程度上反映实际状态。

(2)不同撞击初速度应力响应比较。

图 5-43 ~ 图 5-46 为各吨级的船舶以不同初速度撞击闸门时闸门应力响应比较图。

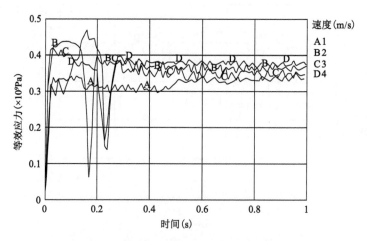

图 5-43　500 吨级船舶以不同初速度撞击时应力响应比较图

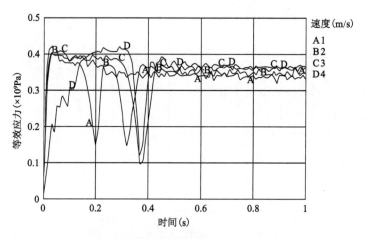

图 5-44　1000 吨级船舶以不同初速度撞击时应力响应比较图

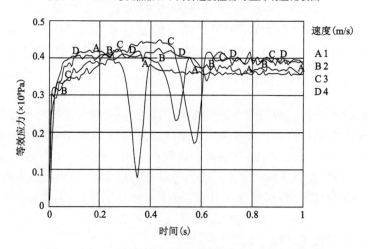

图 5-45　2000 吨级船舶以不同初速度撞击时应力响应比较图

第5章 船舶撞击力及人字闸门动力响应分析

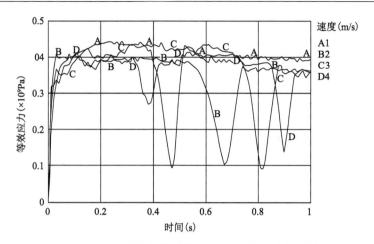

图 5-46 3000 吨级船舶以不同初速度撞击时应力响应比较图

以上四张结果图显示,在船舶吨级相同的条件下,以不同初速度撞击闸门的应力响应趋势是相同的,并且最终应力值都很接近,说明其不随撞击初速度的增加而发生较大的变化。

不同之处在于,船舶撞击初速度越大,应力极小值发生的时刻就越延后。闸门应力曲线产生极小值的原因在于船舶运动到刚要和闸门分离的瞬间,闸门应力曲线就出现降低的现象,而后闸门对船舶产生反作用,结构应力突然增大,然后在一个小范围内波动,最后趋于平衡。

5.6.2.2 位移响应比较

(1)不同船舶吨级位移响应比较。

图 5-47～图 5-50 为相同速度下不同吨级的船舶撞击闸门时撞击点位移响应比较图。

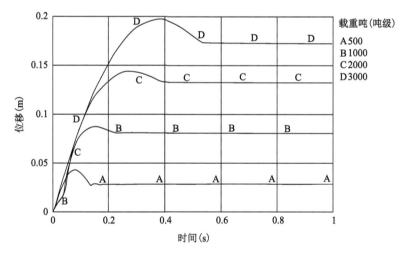

图 5-47 1m/s 初速度不同吨级船舶撞击时撞击点位移响应比较图

分析图 5-47～图 5-50 可以得出,在相同速度下,随着船舶吨级的增大,撞击点位移响应最大值以及稳定值都增大。船舶初速度相同的情况下,船舶吨级直接影响到撞击初始能量,即吨级越大,初始能量越大,这就导致人字闸门需要吸收更多的能量去抵抗船舶的撞击。而位移的大小直接反映了吸收能量的大小,从图中可看出,吨级大的位移响应曲线在吨级小的位移响应曲线之上,说明吨级越大的船舶撞击时结构吸收能量越多,位移也越大。

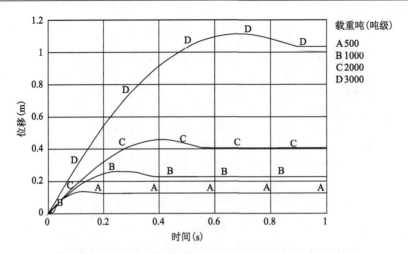

图 5-48　2m/s 初速度不同吨级船舶撞击时撞击点位移响应比较图

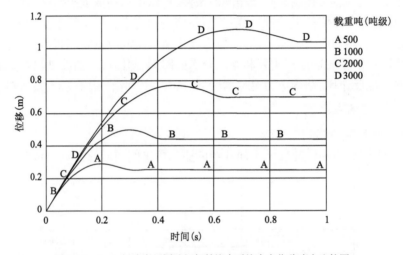

图 5-49　3m/s 初速度不同吨级船舶撞击时撞击点位移响应比较图

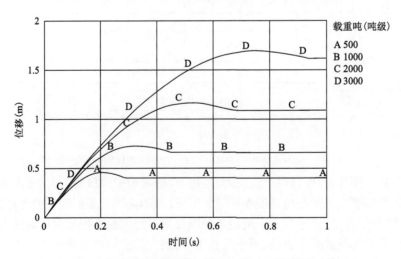

图 5-50　4m/s 初速度不同吨级船舶撞击时撞击点位移响应比较图

从撞击点位移响应曲线的总体走势可以得出,不同吨级船舶撞击时撞击点位移变化趋势也一样的:在撞击开始时位移曲线快速上升至最大值,然后由于部件恢复弹性变形,位移减小至最终值。无论碰撞过程如何复杂,撞击的吨级如何变化,撞击过程都将遵循能量守恒定律,即撞击前的撞击动能等于撞击后船体变形势能加被撞结构吸收的能量。所以撞击开始时,结构开始吸收能量,位移曲线上升,撞击结束时,由于船闸闸门吸收的能量为闸门结构的形变势能(包括弹性及弹塑性变形势能),撞击点位置出现了塑性变形,这部分的位移不可恢复,所以撞击点位移最终稳定的值不为零。

从撞击点位移数值分析,各种工况下撞击点位置都出现了塑性变形,并且最终位移值最小值为 0.03m,最大值为 1.7m,都超过了规范中要求的 0.002m 的变形,这说明人字闸门发生了塑形破坏,并且不能满足规范的要求。建议在最可能和经常发生碰撞的位置设置防撞措施;如果发生碰撞须及时对撞击区进行加固修补,以免重复被撞。

(2)不同撞击初速度位移响应比较。

为了分析不同撞击初速度对位移响应的影响,计算了 500 吨级、1000 吨级、2000 吨级、3000 吨级船舶以不同初速度撞击人字闸门的情况,得到以下计算结果,见图 5-51~图 5-54。

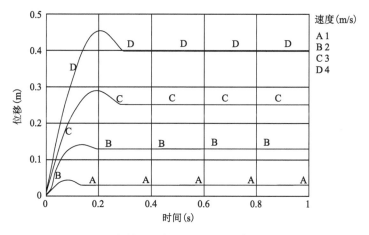

图 5-51　500 吨级船舶以不同初速度撞击时撞击点位移响应比较图

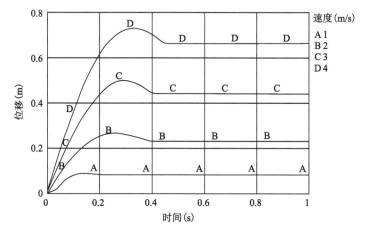

图 5-52　1000 吨级船舶以不同初速度撞击时撞击点位移响应比较图

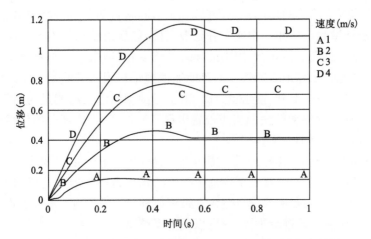

图 5-53　2000 吨级船舶以不同初速度撞击时撞击点位移响应比较图

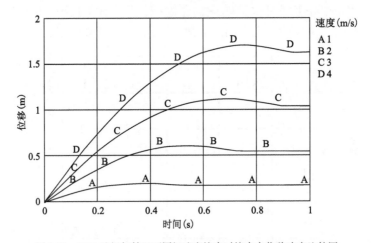

图 5-54　3000 吨级船舶以不同初速度撞击时撞击点位移响应比较图

由图 5-51～图 5-54 可以看出,在相同吨级的情况下,船舶以不同撞击初速度撞击人字闸门时,撞击点位移响应变化趋势也是一致的:在撞击开始时位移迅速增加至最大值,然后随着撞击的结束,位移减小至最终值。撞击点位移随着船舶撞击初速度的增大而增大,并且最大值发生的时刻也随着初速度的增大而延后。这是由于船舶初速度的增大,使得撞击初始动能增大,撞击点位置的位移也随着增大;并且船舶与人字闸门分离的时刻也延后,最大位移出现的时刻也随之延后。

5.7　小　　结

本章运用非线性有限元理论,建立人字闸门与船舶数值计算模型,对船舶与人字闸门接触碰撞进行全过程仿真模拟,分析了船舶撞击人字闸门过程中产生的撞击力和人字闸门动力特性及其影响因素。基于各种国内外规范,讨论船舶与船闸闸门之间发生碰撞过程中船舶的撞击力值的大小,并与考虑船舶碰撞结构的动力作用时闸门所受到的撞击力进行对比,并提出撞击力取值的建议,以及分析了人字闸门整体结构动力响应变化过程,指出结构的薄弱部位,为工程设计提供参考。

（1）各工况下，撞击力时程曲线都具有非线性特性，变化趋势都是一致的。撞击人字闸门背拉杆上下两层背拉杆分界处时，即闸门9.9m处时，撞击力最大；低于分界高度撞击主梁时，撞击力随高度减小而减小；高于分界高度撞击主梁时，撞击力随高度的增大而减小。

（2）船舶撞击力随船舶吨级、初速度、撞击角度的增大而增大，并且船舶动量越大，闸门受撞后构件失效现象出现的数量越多，撞击越激烈。平行闸门的撞击力分量相对于垂直于闸门的撞击力分量很小，可以忽略不计，并且计算船舶撞击力时直接乘以 $\sin\alpha$ 会有一定的误差且偏于保守。

（3）撞击速度在规范要求的范围内时，苏联经验公式与数值计算结果接近，苏联公式未考虑极端的速度情况，所以速度越大，两者相差越大。《水利水电工程钢闸门设计规范》(SL 74—2019)考虑了船舶吨级、初速度与持续时间的影响，此公式考虑撞击力与船舶吨级成线性关系，而数值计算结果表明船舶吨级与撞击力成非线性关系。数值计算与《水利水电工程钢闸门设计规范》(SL 74—2019)都说明了撞击力与撞击初速度成线性关系。船舶与闸门撞击是动态过程，建议利用数值仿真技术计算撞击力，选取适合相应工程设计要求的撞击力。

（4）应力与位移较大的区域都集中在撞击点附近，其他大部分构件应力与位移水平都不大，需在撞击局部区域设置防撞或加固；并且在被撞击主梁与次梁连接的节点处以及低一层的主梁与次梁连接的节点处是应力的交汇处，相对比较薄弱，建议进行加固处理。

（5）各工况下，闸门应力及位移响应有相同的趋势。闸门最终应力值不随船舶的吨级与初速度的变化而发生较大改变。闸门位移值随着船舶吨级与初速度的增加而增大，并且最大位移值出现的时刻也随之延后。

本章参考文献

[1] 水电站机电手册编写组.水电站机电设计手册金属结构(一)[M].北京:水利水电出版社,1988.

[2] 徐海峰,朱召泉.撞击力作用下船闸人字门的受力分析与加固[J].建筑结构,2007(S1):199-201.

[3] 赵海鸥.LS—DYNA动力分析指南[M].北京:兵器工业出版社,2005.

[4] FLANAGAN D P, BELYTSCHKO T. A uniform strain hexahedron and quadrilateral with orthogonal hourglass control[J]. International Journal for Numerical Methods in Engineering, 1981,17:697-706.

[5] MAENCHEN G, SACK S. The TENSOR' code in Methods in Computational Physics[J]. Academic Press,1964(3):191-210.

[6] BELYTSCHKO T. Finite Element Approach to Hydronamics and Mesh Stabilization[C]. Computation Methods in Nonlinear Mechanics, Ed, Oden J. T., The Texas Institute for the Computation Mechanics,1974.

[7] KOSLOFF D, FRAZIER G A. Treatment of Hourglass Patterns in Low Order Finite Element Codesv[J]. GeoMech,1978,2:57-72.

[8] 陶亮.船舶舷侧结构碰撞性能研究[D].大连:大连理工大学,2005.

[9] 陈文龙,张燎军,翟利军,等.船闸人字门 CAD 系统研究[J].河海大学学报(自然科学版),2002,5(30):110-112.

[10] 郭光林,蒋桐.大型弧形钢闸门的空间结构分析及计算[J].南京建筑工程学院学报,1999,3:45-50.

[11] 何文娟.大型人字闸门主要构件的抗扭性能研究[J].水利学报,1995,3(3):40-45.

[12] 谭道宏.人字闸门斜杆预应力优化研究[J].武汉水利电力大学学报,1995,6(28):231-236.

[13] MICHAEL D, NELSON. Structural Behavior of Alternate Configurations of miter gates[C]. Corps of Engineers Structural Engineering Conference,1985.

[14] BARRY J,GOODNO K M,WILL L Z,et al. Comparison of Conventionaland Double—skin Plate Miter Gates[C]. U. S. Army Engineers Waterways Experiment Station,1981.

[15] HUEBNER H K. The Finite Element Method for Enfineers[M]. New York:John Wiley&Sons Inc,1982.

[16] 范崇仁,周世值,陈继祖.水工钢结构[M].北京:水利水电出版社,1986.

[17] 安徽省水利局勘测设计院.水工钢闸门设计[M].北京:水利水电出版社,1993.

[18] 李蓓蓓.Ansys 在船闸人字门设计中的应用[J].大坝与安全,2003,9(4):24-27.

第6章 基坑开挖对邻近船闸的影响研究

6.1 问题的提出

随着我国内河航运事业的发展，为改善航道的通航条件，内河航道上兴建了大量的低水头水利枢纽，而船闸作为船舶用来克服集中水位落差的建筑物，其通过船舶能力的大小直接影响内河航运。近年来，区域之间经济合作的加强，许多航运干线货运量节节攀升，运输船舶向大型化发展，很多船闸的通航能力接近饱和，甚至已经处于饱和状态，促使了多地船闸的兴建[1-2]，用以提高通航能力。

为便于运行管理，同时减少征地，提高土地使用率，很多预留船闸位置与已建船闸较近，如皂河三线船闸工程，其闸位布置于皂河一、二线船闸之间，三线船闸中心线距一线船闸中心线90m，距二线船闸中心线70m[1]、拟建株洲航电枢纽二线船闸与一线船闸中心线距离为80m。在新建船闸基坑开挖施工时可能会引起一系列问题：船闸闸首发生侧移，致使闸门可能关闭不紧，影响船闸正常运行；闸坝上游水位与船闸基坑形成较高的水位差，可能会形成管涌，发生渗透破坏，不能保证施工安全；基坑开挖时如何确保船闸闸室墙的稳定等问题。因此，为确保已建船闸正常运行，选择合理的基坑开挖方式、基坑与邻近船闸的距离、安全可靠且经济的防护措施就显得尤为重要。

6.2 本章主要内容

目前，我国针对基坑开挖对邻近船闸影响的研究较少，本章将采用物理模型试验与数值模拟相结合的方法从以下几个方面对其进行研究：

(1)以株洲航电枢纽拟建二线船闸为工程背景，采用室内模型试验方法建立概化模型，研究分析基坑开挖采用排桩支护时，邻近船闸闸室墙位移及支护桩位移的变化规律。

(2)探讨岩土工程参数反演分析的方法，基于正交设计对基坑开挖的材料参数进行位移反分析，为后续进行基坑开挖对邻近船闸的影响有限元分析提供准确的参数。

(3)采用有限元数值模拟方法，系统分析船闸在检修工况及高运行工况时，基坑开挖过程引起的邻近船闸闸室墙位移、墙后土压力以及地基反力等变化规律，并对基坑开挖对邻近船闸的影响因素进行研究，为工程的设计及施工提供参考。

6.3 基坑开挖对邻近船闸影响的模型试验研究

6.3.1 结构特点

受场地限制,株洲航电枢纽工程拟建二线船闸预留位置与一线船闸中心线位置距离仅为80m,船闸基坑开挖深度为25m,在进行二线船闸深基坑开挖时可能会影响一线船闸的安全运行,二线船闸施工作业场地较小,只能采用有支护的基坑开挖方式。本节以拟建株洲航电枢纽二线船闸为背景,针对采用排桩支护结构的基坑开挖建立了概化物理模型,模型比尺为1:50,其中已建船闸轴线和二线船闸轴线距离为50.5m,模型尺寸为1.01m。模型具体尺寸如图6-1所示。

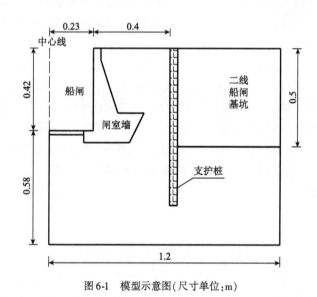

图6-1 模型示意图(尺寸单位:m)

6.3.2 试验基本内容

通过本次物理模型试验拟得到以下几个方面的数据及曲线:

(1)基坑开挖采用排桩支护时,闸室墙墙顶横向、竖向位移及其随开挖深度变化的关系。

(2)基坑开挖采用排桩支护时,支护桩顶端的竖向位移和桩身横向位移及其随开挖深度的变化关系。

6.3.3 模型基本设置

6.3.3.1 模型箱及模型土

本次试验模型槽边墙为砌体结构,模型槽的长度为1.2m,宽度为0.6m,深度为1.2m,如

图 6-2 所示。其中一侧采用玻璃制作的观测槽,便于观察试验现象。模型槽边墙处设置两块钢板用于安装磁性表座,用以固定测量仪器,见图 6-3。模型土采用砂土。

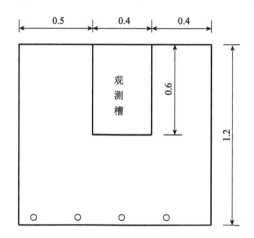

图 6-2 模型槽示意图(尺寸单位:m)

图 6-3 嵌固钢板

6.3.3.2 模型桩与闸室墙

模型桩为有机玻璃桩,桩长为 80cm,桩的内径为 1.5cm,外径为 2.0cm,支护桩为密排桩,桩间距为 0。支护桩之间无相互约束。

闸室墙由聚氯乙烯(PVC)材料制作,也假设其为刚性体,墙体不发生变形。

6.3.3.3 模型安装制作

首先在模型箱中铺一层砂卵石垫层,高度为 20cm,安装图如图 6-4 所示。随后将排桩安放到准确的位置,桩底端位于砂土垫层处。将砂土装入模型箱,装砂时应沿桩的两侧对称加砂,并且每次装砂高度不宜过高,装砂石应从模型边角处开始,并慢慢将砂土铺至支护桩周边处,以避免扰动支护桩,直至加高至 32cm。将一线船闸闸室墙模型安放到准确位置,闸室墙顶与支护桩的相对距离为 40cm,同样在排桩两侧对称填砂至闸室墙顶平齐位置处,模型效果如图 6-5 所示。

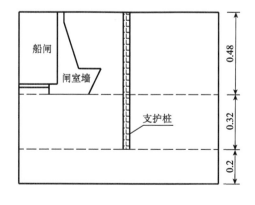

图 6-4 模型安装图(尺寸单位:cm)

图 6-5 模型效果图

6.3.3.4 试验测试装置

本次试验结合实际情况,采用百分表及位移计就闸室墙的顶端位移和水平位移、支护桩的顶端位移和侧向位移进行测量。百分表的量程为 10mm,其允许误差为 0.01mm,如图 6-6 所示;位移计的量程为 100mm,其允许误差也为 0.01mm,如图 6-7 所示。在安装位移计和百分表之前,需要对它们进行调零。

图 6-6 百分表

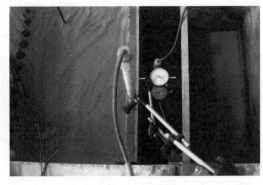

图 6-7 位移计

在闸室墙顶端及侧面布置测试仪器,用以测量闸室墙顶的横向位移及竖向位移。对于支护桩桩身横向位移测点布置分别为距桩顶 0、10cm、20cm、30cm,并在桩顶位置处布置测点用来测量竖向位移,如图 6-8、图 6-9 所示。利用磁性表座将百分表及位移计固定在相应的位置上,测杆顶住测点,并使测杆与测点保持垂直。

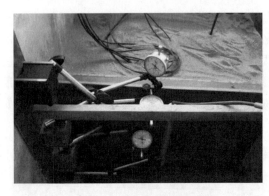

图 6-8 闸室墙位移测试装置

图 6-9 支护桩位移测试装置

百分表及位移计安装完毕后,随后记录相应测点的初始位移。

6.3.3.5 基坑开挖步骤

本次试验模拟四个阶段开挖工况,第一阶段开挖深度为 20cm,第二阶段开挖深度至 30cm,第三阶段开挖深度至 40cm,第四阶段开挖深度至 50cm。待每一阶段开挖读数稳定后,分别记录百分表、位移计的读数。船闸基坑开挖初始状态及开挖步骤图如图 6-10、图 6-11 所示。

第6章 基坑开挖对邻近船闸的影响研究

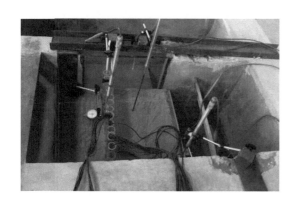

图6-10 基坑开挖初始状态图

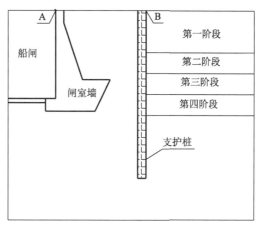

图6-11 船闸开挖步骤图

6.3.4 结果分析

6.3.4.1 闸室位移分析

由图6-12可知基坑开挖时闸室墙墙顶（图6-11中A点）横向位移的变化情况。当基坑开挖深度为20cm时，闸室墙后土体向坑内移动，闸室墙顶背离闸室发生倾斜，此时横向位移量较小，仅为0.008mm。随着开挖深度的增加，闸室墙的横向位移将继续增大。当基坑开挖深度至50cm时，闸室墙的墙顶的最大横向位移达到了0.717mm，相比基坑开挖初期位移量增加了0.709mm。一线船闸闸室墙顶的横向位移随基坑开挖深度的增加而不断地增加，并且基坑增加相同开挖深度时，基坑的深度越大，横向位移也越大。

图6-13为基坑开挖时船闸闸室墙墙顶（图6-11中A点）的竖向位移变化曲线图。基坑开挖初期，闸室墙地基发生沉降，竖向位移达到了-0.374mm；随着开挖深度的增加，闸室墙发生倾斜，墙顶向上移动，位移量大于由于整体沉降引起的位移量，因此，闸室墙顶端的沉降值逐步减小。当基坑开挖深度达到50cm时，墙顶的位移量减少至达-0.314mm。

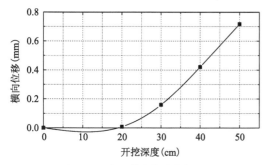

图6-12 闸室横向位移曲线图

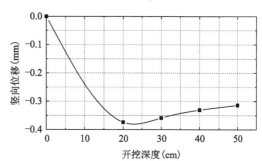

图6-13 闸室竖向位移曲线图

6.3.4.2 桩身位移分析

图6-14为基坑开挖到不同深度时支护排桩沿桩身的横向位移变化情况。支护桩沿桩身的横向位移距离坑底的位置越远，其位移就越大；随着基坑开挖深度的增加，其桩身横向位移变化也越来越大。当基坑开挖至50cm时，支护排桩的位移最大值达到2.806mm。

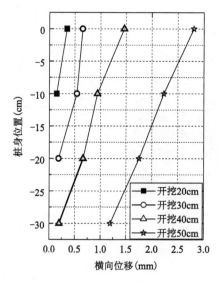

图 6-14 桩身横向位移变化图

由表 6-1 可知,对于距桩顶不同位置处,不同开挖深度下桩身横向位移增长值量。对于桩顶位置处,它们的增长倍数分别为 1.8657、4.1857、8.0171;距桩顶 10cm 处,相对增长倍数分别为 3.651、6.3154、14.9597;而在距桩顶 20cm 处,它们的相对增长倍数分别为 3.5213、9.3298。可见基坑开挖时支护排桩桩身横向位移成非线性增加。

桩身横向位移增长倍数表　　　　　　　　　　　　　　表 6-1

开挖高程 (m)	距桩顶距离			
	0	10cm	20cm	30cm
20	1.0000	1.0000	—	—
30	1.8657	3.6510	1.0000	—
40	4.1857	6.3154	3.5213	1.0000
50	8.0171	14.9597	9.3298	5.9552

由图 6-15 可知支护排桩桩顶(图 6-11 中 B 点)竖向位移的变化情况。基坑开挖初始阶段,桩顶的竖向位移相对较大。随着开挖深度的增加,竖向位移继续增大,此时的位移量主要是由于桩身侧移引起的沉降。当基坑开挖深度达到 50cm 时,桩顶的侧向位移达到了 0.494mm。

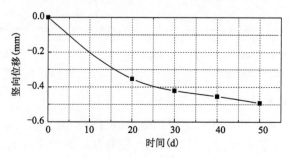

图 6-15 桩顶(B 点)竖向位移变化图

综合分析可知,基坑开挖引起的支护排桩的横向位移变化与竖向位移变化,在相同开挖深度情况下,桩顶的位移并非成线性关系变化。

6.4 船闸基坑开挖参数反演分析

准确的参数是基坑开挖对邻近船闸影响有限元分析的重要基础。为获取准确的材料参数,本节基于正交设计理论的位移反分析法反演材料相关的物理力学参数。

6.4.1 位移反演分析基本理论

岩土工程反演分析[3]起源于20世纪70年代,由于其具有较强的使用性,得到了国际专业人士的广泛关注,经过近40年的发展已逐步成熟。在我国,反演分析发展相当迅速,并在实际工程中得到应用,取得较好的效果。

岩土工程反演分析根据现场获得的测试内容不同,可以分为位移反演分析、应力反演分析、应变反演分析等几种方法。其中,位移测量简单,数据精度较高,因此位移反演分析在实际工程中得到广泛应用,本节将以位移反演分析基本方法对基坑开挖对邻近已建船闸所涉及的参数进行反演。

1971年,Kavnagh等提出了反算弹性量的有限单元法,之后反演分析得到了迅速的发展;随后,Kirsten提出了由实测岩体变形反演得到岩体的弹性模量。1979年,Sakurai等提出了平面应变问题中弹性问题位移反演分析以及弹塑性问题的位移反演分析,并将其作为地下工程设计的一项技术,随着研究的深入,开始对边坡位移反演分析问题进行研究。意大利学者Cioda先后采用单纯形法、拟梯度等方法研究了弹塑性问题的反演分析问题,并取得了价值较高的研究成果,但在弹塑性位移反演分析中参数的位移性问题上还有待做进一步的探讨。

我国在位移反演分析方面开展工作基本与国际同步,在理论分析和实际应用中均作出了重要的贡献。1979年,中国科学院地质研究所开始研究位移反演分析,在平面应变提出了有限元图谱法——图谱位移反演分析法,并成功运用到甘肃"引大入秦"隧洞;随后学者们又提出了三维有限元图谱法——图谱位移分析法等。1982年,陈子荫教授发表了关于黏弹性位移反演分析的论文,随后基于黏弹性的位移反演分析在我国迅速发展起来。吴海青提出了基于正交设计的反演分析方法,并在黏弹性问题反演参数工程实例中得到应用。在弹塑性问题的位移反演分析中,主要用单纯形法、位移余差等弹塑性反演分析法。

随着岩土工程位移反演分析的应用越来越广泛,在反演方法上也越来越丰富,国内外主要的研究方法有试错法、脉冲谱法、离散优化法、人工神经网络法及遗传算法等等。吴立军等[4]针对岩土工程位移反演分析,提出了一般地应力场优化设计的形式,以有限单元法和优化约束为基础的正定式优化方法对多参数约束进行反演。丁德馨等[5]研究了弹塑性位移反演分析的遗传算法,克服了局部极小而无法继续寻优的状态,保证反演精度达到90%以上;张志军等[6]采用人工神经网络方法反演分析了弹塑性问题的力学参数,该方法具有模型简单、计算快捷等优点;刘迎曦等[7]以位移为基础,建立等效横观各向同性边坡体的地层参数反演的有限元法,反演了边坡地层参数;李守巨等[8]以云峰大坝坝顶水平位移现场监测数据位基础,基于人工神经网路方法,采用修正BP学习算法,反演了混凝土大坝的弹性参数。郭力等[9]提出了灵敏度分析与弹塑性参数反演的一种新方法,该方法利用复变量求导法,计算了参数的灵敏度,反演分析岩土工程的弹性模量、凝聚力、内摩擦角以及泊松比,它解决了参数反演是位移对反演参数不敏感性问题。陈益峰[10]基于正交设计的方法反演分析了复杂坝基弹塑性力学参数,并取得了精度较高的参数,基于正交试验的位移反演分析对于解决参数较多问题是一种行之有效的方法。本节以基于正交设计的位移反演分析方法反演基坑开挖的材料参数。

6.4.2 基于正交试验位移反演分析理论

6.4.2.1 正交设计理论

试验过程中,影响因素错综复杂,若对影响试验结果的各因素水平的每一种组合均进行试验,称之为全面试验[11],它能够全面反映试验的基本情况。当影响因素水平较多时,试验量将非常大,为减少试验工作量,需要对试验进行优化设计,以减少试验次数。正交设计方法是处理这类问题简单易行的方法。

正交试验设计(Orthogonal Experimental Design)是采用正交表来安排多因素试验的设计方法,它的优点主要在于:①所需进行的试验次数少;②数据点分布均匀;③试验结果可采用相应的分析方法进行处理。

对于采用正交试验进行反演材料参数,仅需进行几次或十几次的数值模拟计算,大大减少了数值模拟的计算量,并可得到较理想的试验结果,为后续研究提供准确的参数。

6.4.2.2 正交表设计

正交试验设计的基础是正交表,它是根据数理统计原理总结出来的一种安排试验的表格,最早由日本著名统计学家田口玄一教授提出。为对正交表做详细的叙述,先对几个常用的术语进行定义:

(1)因素是指影响试验结果条件。对于反演分析而言,材料参数的个数即为因素,如材料的弹性模量 E、摩擦角 φ 等。

(2)水平是指因素在试验中可能处的状态,如弹性模量 E 的上、下限值。

(3)试验指标是指衡量试验结果好坏的标准。

正交设计表的表示形式为 $L_n(S^t)$。为对正交设计表做详细分析,本节将以 $L_4(2^3)$ 为例进行说明,如表6-2所示。

正交表 $L_4(2^3)$ 表6-2

试验	因素		
	1	2	3
1	1	1	1
2	1	2	2
3	2	1	2
4	2	2	1

正交表中的 L 代表"正交"; $n=4$ 表示正交试验的次数为4次; $S=4$ 表示每个因子可安排的试验水平数为4; $t=3$ 表示表中的纵列数为3,影响试验的结果因素。从表6-2可以看出:①每一列不同的数字出现的次数相等;②任意两列阵中的数字形成的若干数字对,不同数

字对出现的次数相同。

实际应用中,各列水平均为 2 的常用正交表有:$L_4(2^3)$、$L_8(2^7)$、$L_{12}(2^{11})$、$L_{16}(2^{15})$、$L_{20}(2^{19})$、$L_{32}(2^{31})$。

各列水平数均为 3 的常用正交表有:$L_9(3^4)$、$L_{27}(3^{13})$。

各列水平数均为 4 的常用正交表有:$L_{16}(4^5)$。

对于工程反演分析而言,参加反演分析的参数较多,若全部考虑进去工作量也将非常大,因此,在正交表设计时,应根据实际情况,选取影响试验结果的主要因素,忽略次要因素,尽量减少反演分析个数;对于各参数计算区间,参考室内外试验提供的数据,并适当放宽上下限,用作优化设计的附加条件;而参数的水平数至少有两个,为了达到更高精度时,参数的水平数宜取更大,但随之而来的计算量将会增大;最后,需要选择合适的正交表,若有需要可以考虑材料之间的交互作用。

6.4.2.3 基于正交设计表的有限元数值模拟

有限元数值模拟的目的是获得基坑开挖时,采用不同的物理力学参数组合所引起的船闸及支护排桩的位移值,基坑开挖过程是一个非常复杂动态过程,因此,在反演分析中仅对各特征点的最终位移值进行反演分析。

有限单元法[12]是 20 世纪 60 年代发展起来的数值计算方法。它的基本思想的提出最早可追溯到 20 世纪 40 年代。它以变分原理和加权余量法为基础,将连续体离散成有限个单元,并在每个单元上选取一些合适的节点作为求解函数的插值点。将基本支配方程转化成由各变量或者其导数的节点值与所选的插值函数构成的线性代数方程,借助变分原理或者加权余量法,将基本支配方程离散化,采用不同的插值函数和权函数的形式,便形成了不同的有限单元法。

对于一个实际问题,采用有限单元法求解时需要遵循一般的求解规则,具体求解步骤如下:

(1)连续介质离散化。根据实际问题,将连续介质划分有限个单元体来代替原来的连续介质,并采用有限个节点将其连接起来。

(2)位移函数的选择:位移函数是指利用一个函数,将单元内部任意一点的位移用单元的三个节点的位移来表示。它保证了相邻两个单元之间位移的连续性。

(3)采用虚功原理或最小势能原理推导刚度矩阵,建立平衡方程。

(4)集合所有单元刚度矩阵的平衡方程,形成整体结构矩阵方程。主要包括:将单元刚度矩阵集合成整体刚度矩阵;把作用在各单元上的等效结点力列阵形成总的荷载列阵。

(5)计算结点位移及单元应力。

6.4.2.4 正交试验结果分析

正交试验结果的处理是从各种参数之间错综复杂的关系中排列出秩序来,找出影响试验结果的主要因素。正交试验结果分析主要有直接观察、直观分析、方差分析法等。所谓直观分析法就是用各列极差来表示各列数据的离散程度,比较它们的大小来决定各因素及其交互作用的主次顺序。

在基坑开挖材料参数反演分析中,根据正交表设计的各种组合的数值模拟结果,选取一个或者多个结果作为特征点的位移值,并将其作为直观分析的依据。

直观分析首先需要求解各次的试验结果极差,并确定它们的主次关系。极差指的是各列中各水平对应的试验指标平均值的最大值与最小值之差。

$$R_j = \max_i \{K_{ij}\} - \min_j \{K_{ij}\} \tag{6-1}$$

式中:R_j——第 j 列极差;

K_{ij}——第 j 列上水平号为 i 的各试验结果之和。

一般情况下,各列的极差是不相等的,这说明各因素水平改变对试验结果的影响是不相同的。极差大,说明该因素活泼,它的变化对结果的影响很大;极差小说明因素是保守的,它的变化对结果的影响较小。通过直观分析可以确定各参数对位移结果影响的主次顺序。

6.4.2.5 多元回归模型的建立

日本有学者认为,试验洞周边的位移在弹性条件下与初应力成线性关系,与弹性模量 E 成反比关系,而黏聚力 c 与内摩擦角 φ 的关系较复杂,与材料的密度、泊松比等因素关系较小,建议采用如下回归模型[57]:

$$Y = x_0 + x_1 \frac{E_0}{E} + x_2 \frac{c}{c_0} + x_3 \left(\frac{c}{c_0}\right)^2 + x_4 \tan\varphi + x_5 \tan^2\varphi \tag{6-2}$$

式中:E_0——岩体弹性模量经验估计值;

c_0——黏聚力经验估计值;

$x_0 \sim x_5$——回归系数。

对于基坑开挖对邻近船闸的位移反分析,对试验结果具有显著性影响的力学参数,采用如下回归模型:

$$Y = x_0 + \sum x_{1i}\left(\frac{E_{0i}}{E_i}\right) + \sum x_{2i}\left(\frac{c_i}{c_{0i}}\right) + \sum x_{3i}\left(\frac{c_i}{c_{0i}}\right) + \sum x_{4i}\tan\varphi + \sum x_{5i}\tan^2\varphi \tag{6-3}$$

在选取回归模型时也可采用其他因素,它们均是以正交试验结果有显著影响因素的自变量函数。

6.4.2.6 参数反演结果的评价

参数反演结果的评价主要通过与所选取特征点的实测位移建立目标函数:

$$f(x) = \sum_i^k (Y_i - S_i)^2 \tag{6-4}$$

式中:Y_i——相应的回归值;

S_i——第 i 特征点的实测位移值。

为获得目标函数的最小值,通过对正交试验结果值进行回归分析,并采用最优化方法得到目标函数的最小值,此时,所得的计算结果即为反演参数的最优解,也是唯一解。

6.4.3 材料参数反演分析

6.4.3.1 正交试验设计

模型试验中材料主要包括闸室墙、砂土层1、砂土层2、支护排桩以及闸室地板,其中闸室地板与闸室墙为同一种材料。根据正交表设计基本原则,结合模型的实际情况,选取的正交表

为 $L_8(2^7)$,它的因素个数为 7 个,因素水平数为 2 个,需要进行 8 次试验,不考虑材料之间的相互作用,其正交试验设计表如表 6-3 所示。

材料的物理力学参数正交表 表 6-3

因素	所在列						
	1	2	3	4	5	6	7
	砂土层 1		砂土层 2			支护排桩	闸室墙
	E_1 ($\times 10^6$/Pa)	φ (°)	E_2 ($\times 10^6$/Pa)	c (kPa)	φ (°)	E_3 ($\times 10^6$/Pa)	E_4 ($\times 10^6$/Pa)
试验 1	12.5	45	5.32	2	40	10	2000
试验 2	93.4	35	5.32	2	40	200	20000
试验 3	12.5	45	5.32	1	30	200	20000
试验 4	93.4	35	5.32	1	30	10	2000
试验 5	12.5	35	10	2	30	10	20000
试验 6	93.4	45	10	2	30	200	2000
试验 7	12.5	35	10	1	40	200	2000
试验 8	93.4	45	10	1	40	10	20000

6.4.3.2 有限元模型的建立

1) 模型基本尺寸

平面应变问题是指具有很长的纵向轴的柱形物体,横截面大小和形状沿轴线长度不变,作用外力与纵向轴垂直,并且沿长度不变,柱体的两端受固定约束的弹性体。这种弹性体的位移将发生在横截面内,可以简化为二维问题。由于船闸基坑开挖横向尺寸远大于纵向尺寸,其每个横切面的应力大小及其分布图形均相似,因此可以将船闸基坑问题分析简化为平面应变问题。物理模型中的船闸采用的是分离式船闸,对称面的闸室墙互不影响,因此可以建立 1/2 对称模型。模型的基本尺寸与模型试验中的尺寸一致,其网格采用 4 节点网格划分,土体、支护排桩以及闸室墙均为实体单元,如图 6-16 所示。

2) 材料参数及本构模型选取

材料的本构关系是反映材料力学形状的数学表达方程式,表示形式为应力-应变-强度-时间的关系,也称为本构方程[13]。为突出或简化材料某些变形强度特性,人们常用弹性、滑片等元件及其组合体构成物理模型来模拟材料的应力等特性。材料的本构模型分为弹性模型、弹塑性模型、流变模型三大类。基坑开挖模拟中,各类模型均有应用。随着科学家们对土体的本构关系研究的深入,出现了上百种本构模型,其中最具代表的模型有非线性弹性模型(Duncan-Chang 模型)和弹塑性模型(如 Mohr-Colomnb 模型、D-P 模型、剑桥模型等)。Mohr-Colomnb 屈服条件能够比较真实地反映岩土材料,因此在实际工程中得到广泛

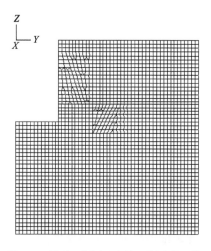

图 6-16 邻近已建船闸下基坑开挖有限元模型

的运用。Mohr-Colomnb 强度理论认为：当土体中任一受力面上剪切力达到该点土体的抗剪强度时，该点土体将发生破坏。它的强度准则表达式为：

$$\tau = c + \sigma \tan\varphi \tag{6-5}$$

式中：τ——土的抗剪强度；

φ——内摩擦角；

σ——剪切面上的法向应力；

c——土的黏聚力。

Mohr-Colomnb 模型是基于材料破坏的应力-应变状态的莫尔应力圆提出来的，如图6-17所示。

由图6-17分析可以得到：

$$\begin{cases} \tau_n = R\cos\varphi \\ \sigma_n = \dfrac{1}{2}(\sigma_x + \sigma_y) - R\sin\varphi \end{cases} \tag{6-6}$$

因此，Mohr-Colomnb 屈服准则还可以表示为：

$$R = c\cos\varphi + \frac{1}{2}(\sigma_x + \sigma_y)\sin\varphi \tag{6-7}$$

式中：R——莫尔应力圆半径，$R = \dfrac{1}{4}(\sigma_x - \sigma_y)^2 + \tau_{xy}^2$。

当 Mohr-Colomnb 屈服准则采用平面内主应力 σ_1、σ_3 表示时，其表达式为：

$$\sigma_1(1 - \sin\varphi) - \sigma_3(1 + \sin\varphi) - 2c\cos\varphi = 0 \tag{6-8}$$

在 π 平面上，Mohr-Colomnb 屈服条件为一个不等边的正六边形，如图6-18所示，在柱应力空间上，它的屈服面是一个棱锥面。

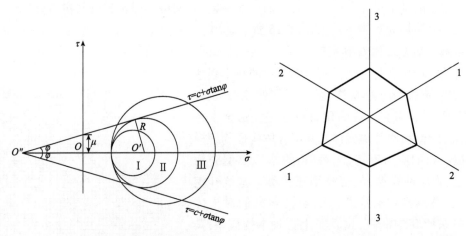

图6-17　Mohr-Colomnb 破坏模型　　　　图6-18　屈服函数在 π 平面上投影

结合数值模拟计算实际情况，模型垫层及模型填砂均采用 Mohr-Coulomb 模型，闸室墙以及支护排桩则采用线弹性模型。

模型试验具体材料参数选取见表6-3。其余各物理力学参数见表6-4所示。

各材料参数表　　　　　　　　　　　　　　　　　表6-4

项目	密度(kg/m³)	泊松比 μ	黏聚力(Pa)
砂土层1	1650	0.21	见表3-2
砂土层2	1900	0.25	0
闸室墙	2100	0.27	—
支护排桩	1190	0.29	—

有限元模型中,有机玻璃桩模拟采用的二维实体单元模拟,桩体需要转化为实体的四边形桩,而桩的刚度通过等效换算获得,如式(6-9)所示。

$$E_m I_m = E_p I_p \tag{6-9}$$

式中：E_m——桩身实际弹性模量；

E_p——模型中弹性模量；

I_m——桩基实际惯性矩；

I_p——模型中的惯性矩。

3) 模型边界条件

(1) 初始地应力。

初始地应力是指存在于地壳中的未受工程扰动的天然应力,地壳内各点的应力状态在空间分布的总合,称为地应力场。基坑开挖前地基便存在着天然应力,为平衡由于重力作用产生的相对位移或变形,取基础的自重应力作为初始应力。

(2) 约束条件。

由于模型为1/2对称模型,因此模型的对称面上的位移为0,Y方向的位移将被约束,Z方向为自由；地基底边界为固定边界,Y、Z方向全部约束；基坑开挖面以下的地基土的Y方向均被约束,竖向自由。

(3) 接触面模拟。

工程中大多数结构都作用在地基土上,结构与土的相互作用直接影响到结构的应力和位移。在以往的计算方法中,若在结构设计中对它们之间的作用做一些粗略的假定,计算结果将会与实际偏差较大。而采用有限单元法后,可以考虑非线性应力-应变关系以及分期施工过程,在计算中能较好地反映实际情况,并且计算成果与实测结果较为接近。采用有限元法分析土体与结构的相互作用,需要在结构与土之间设置接触面。

接触面单元是用来模拟两种不同岩石的不连续面和不同材料的交界面处位移特性的一种特殊单元。在力学上接触过程常常涉及三种非线性,即大变形引起的几何非线性和材料非线性,还有接触界面非线性。这都是接触问题特有的,接触界面非线性主要来源于两方面：

①接触界面的接触状态、区域大小以及相对位置事先均不知道,而且他们是随时间变化的,需要通过求解来确定。

②接触条件非线性。主要内容包括：a. 接触物体互不侵入；b. 接触力的法向分量一定是压力；c. 摩擦条件是切线接触。这些条件有别于一般的约束条件,其特点是单边性的不等式约束,具有强烈的非线性。

接触界面事先未知性和接触条件的不等式约束决定了接触分析过程中需要经常插入接触

界面的寻找步骤,而接触条件的非线性研究需要比求解其他非线性问题更好的解决方案和方法。

(4)接触界面条件。

设物体 A 与物体 B 初始位置如图 6-19 所示,它们的未接触前的位形用 $^0V^A$ 和 $^0V^B$ 表示。经过 t 时刻相互接触后它们的位形为 $^tV^A$ 和 $^tV^B$,它们在该时刻的接触界面为 $^tS^c$,此界面在两物体上的界面为 $^tS_c^A$ 和 $^tS_c^B$。通常称物体 A 为接触体,物体 B 为目标接触体,而 S_c^A 和 S_c^B 分别为接触面和主接触面。接触面 $^tS_c^A$ 和 $^tS_c^B$ 在 $^tS^c$ 面相互接触的两个点称之为接触点对,作用在两个接触点上的力 $^tF^A$ 和力 $^tF^B$ 则称为接触力。它们是一对相互作用的接触力,即有:

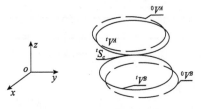

图 6-19 两个物体相互接触

$$^tF^A = -^tF^B \tag{6-10}$$

①法向接触条件。

法向接触条件是判定物体是否进入接触以及已进入接触遵守的条件。该条件主要包括接触界面不可贯入性和法向接触为压力两个条件。接触界面不可贯入性主要是指两物体在运动过程中不能相互贯穿;而法向接触为压力即是要求:

$$\begin{cases} ^tF_N^B \leqslant 0 \\ ^tF_N^A = -^tF_N^B \geqslant 0 \end{cases} \tag{6-11}$$

式中:$^tF_N^A$ 和 $^tF_N^B$——两物体接触力的法向分力。

②切线接触条件(摩擦力条件)。

切线接触条件是判定两个接触物体是否进入具体接触状态的条件和它们所需满足的条件,它主要分为无摩擦接触和有摩擦接触两种条件。

无摩擦模型是指两个接触面非常光滑或者相互摩擦可以忽略不计。此时,接触面的切向摩擦力为零,它们在切向方向可以自由运动。

$$^tF_T^A = ^tF_T^B \equiv 0 \tag{6-12}$$

摩擦模型——库仑(Coulomb)摩擦模型必须考虑接触面之间的摩擦。由于其简单、适用性强,在工程中得到广泛的应用。模型中切向接触力,即摩擦力 $^tF_T^A$ 的数值大小不能超过它的极限值 $f|^tF_n^A|$,即:

$$|^tF_T^A| = [(^tF_1^A)^2 + (^tF_2^A)^2]^{1/2} \leqslant f|^tF_n^A| \tag{6-13}$$

式中:f——摩擦系数;

$|^tF_1^A|$——法向接触力数值;

$|^tF_2^A|$——切向接触力数值。

当 $|^tF_T^A| \leqslant f|^tF_n^A|$ 时,接触面之间无切向相对滑动;当 $|^tF_T^A| = f|^tF_n^A|$ 时,接触面将发生切向相对滑动,此时的摩擦力起着阻止相对滑动的作用。

(5)接触问题的求解。

接触问题通常是依赖于时间,同时伴随着几何非线性及材料非线性的演化过程。由于接触面的形状、区域以及接触面上的运动状态是事先未知的,因此接触问题一般采用增量方法求解,主要解法有大变形下的虚功原理法、拉格朗日乘子法、罚函数法等等。

(6) 基坑开挖接触界面模拟。

船闸基坑开挖中，已建船闸闸室墙与模型砂土、支护排桩与模型砂土、闸室地板与地基、闸室墙与闸室地板的相互作用将会影响到闸室墙和支护排桩的应力及位移。在数值模拟时需要对它们之间的相互作用采用接触进行模拟，模型中接触对为线-线接触，除闸室地板与闸室墙作用外，其余的接触面均为土体，闸室墙、闸室地板、桩体为目标面，而在模拟闸室地板与闸室墙的相互作用时闸室墙为接触面、闸室地板为目标面。在各组接触中接触对的摩擦为库仑摩擦，摩擦系数为0.4，如图6-20所示。

(7) 基坑开挖过程模拟。

为了真实地反映基坑开挖过程中的应力和位移，必须在数值模拟中模拟基坑开挖的基本过程以及非线性等，同时必须将基坑开挖之前土体各点的初始应力以位移条件考虑在内，具体模拟步骤如下：

① 建立已建船闸闸室墙、支护排桩、土体未开挖时的模型，并施加重力荷载得到初始应力场，以平衡基坑开挖时由于初始地应力产生的相对位移或变形。

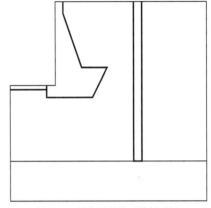

图6-20　基坑开挖模型接触对图

② 施工过程模拟。a. 基坑开挖第一步，即将开挖部分的单元"杀死"，计算当前开挖步骤的应力-应变及位移等；b. 进行下一步开挖，并重复第一步过程，直到计算开挖完毕。

对于基坑开挖掉的单元的处理，采用的是有限元分析的生死单元功能，所谓将单元"杀死"并不是将单元删除掉，而是将单元的刚度矩阵乘以一个很小的因子。由于在计算求解过程中不能另外生成新的单元，因此，必须在前处理过程中生成所有的单元。在"杀死"单元的过程中，可以使其刚度矩阵在一段时间内消失，用于模拟基坑开挖的时间效应，尽管会导致此过程非常复杂，但它能较好地模拟土体随时间的变化关系，直至变形稳定。

6.4.4　参数反演结果分析

模型中选取了已建船闸闸室墙的闸顶横向、竖向位移，支护排桩沿桩身自上而下4个测点的横向位移、桩顶竖向位移等7个点作为参数反演分析特征点。从表6-5可知，正交试验后各个反演分析的位移值。为得到模型材料物理力学参数对反演点位移的影响，分别对需反演的物理力学参数进行直观分析，得到各因素的主次顺序，如表6-6所示。

正交试验数值计算成果表　　　　　　　　　　　　　　表6-5

测点	不同正交试验计算值(mm)							
	1	2	3	4	5	6	7	8
1	3.5632	1.7282	1.8973	1.4647	1.1924	1.9644	2.1744	1.0447
2	2.8765	1.4428	1.5800	1.2953	0.9889	1.5849	1.7529	0.8688
3	2.1945	1.1575	1.2627	1.1272	0.7854	1.2079	1.3342	0.6930
4	1.5293	0.8725	0.9458	0.9522	0.5822	0.8402	0.9259	0.5175
5	−0.7911	−0.1076	−0.2765	−0.4994	−0.2446	−0.5272	−0.7039	−0.0841
6	1.3942	1.1280	1.3153	1.2019	0.7951	0.6685	0.8478	0.6268
7	−0.5357	−0.4445	−0.5403	−0.4374	−0.3492	−0.2433	−0.3462	−0.2465

正交试验直观分析成果表   表6-6

测点	因素	所在列 1 砂土层1 E_1 ($\times 10^6$/Pa)	2 砂土层1 φ_1 (°)	3 砂土层2 E_2 ($\times 10^6$/Pa)	4 砂土层2 c (kPa)	5 砂土层2 φ_2 (°)	6 支护排桩 E_3 ($\times 10^6$/Pa)	7 闸室墙 E_4 ($\times 10^6$/Pa)
1	K_{11}	2.207	1.793	2.163	1.802	1.828	1.992	1.816
1	K_{21}	1.55	1.791	1.594	1.795	1.833	1.896	1.941
1	R_1	0.657	0.002	0.569	0.007	0.005	0.096	0.125
2	K_{12}	1.8	1.728	1.799	1.473	1.735	1.877	1.507
2	K_{22}	1.298	1.727	1.299	1.484	1.742	1.82	1.29
2	R_2	0.502	0.001	0.5	0.011	0.007	0.057	0.217
3	K_{13}	1.394	1.234	1.435	1.206	1.345	1.466	1.42
3	K_{23}	1.046	1.221	1.005	1.204	1.336	0.1275	1.241
3	R_3	0.348	0.013	0.43	0.002	0.009	1.3385	0.179
4	K_{14}	0.996	0.958	1.075	0.857	0.961	1.062	0.895
4	K_{24}	0.796	0.953	0.716	0.864	0.959	0.93	0.696
4	R_4	0.2	0.005	0.359	0.007	0.002	0.132	0.199
5	K_{15}	1.088	1.001	1.26	0.996	0.999	1.028	1.204
5	K_{25}	0.906	0.999	0.735	0.998	0.995	0.966	0.99
5	R_5	0.182	0.002	0.525	0.002	0.004	0.062	0.214
6	K_{16}	−0.448	−0.394	−0.489	−0.393	−0.398	−0.396	−0.392
6	K_{26}	−0.343	−0.399	−0.301	−0.398	−0.393	−0.395	−0.309
6	R_6	−0.105	0.005	0.188	0.005	0.005	0.001	0.083
7	K_{17}	−0.504	−0.401	−0.419	−0.418	−0.422	−0.63	−0.455
7	K_{27}	−0.305	−0.399	−0.39	−0.412	−0.417	−0.478	−0.404
7	R_7	0.199	0.002	0.029	0.006	0.005	0.152	0.051
$\sum K_{1i}$		6.533	5.919	6.824	5.523	6.348	6.048	6.329
$\sum K_{2i}$		4.948	5.897	4.658	5.536	5.133	6.055	4.8665
极差值 R_i		1.585	0.004	2.166	0.012	0.007	1.4625	0.55
各因素主次顺序		2	7	1	4	6	3	4

由于数值分析中,影响计算结果的因素较多,本节仅对正交试验进行直观性分析,未进行方差分析。由表6-6可知,砂性土2的弹性模量 E_2 对反演点的影响最大,极差值为2.166;其次是砂土层1、支护排桩、闸室墙的弹性模量;砂性土 φ 的变化对位移影响非常小,仅为0.014,而砂土层1及砂土层2的摩擦角变化对各特征测点的位移几乎没有什么影响。通过对因素进行直观性分析,确定了排在前5位的参数对数值计算有显著影响,它们分别是砂土层2弹性模量 E_1、砂土层1弹性模量 E_2、支护排桩 E_3、闸室墙 E_4、砂性土 C。

为反演得到对测点位移具有显著影响的力学参数,需建立回归模型,即:

$$Y = x_0 + x_1\frac{E_{01}}{E_1} + x_2\frac{E_{02}}{E_2} + x_3\frac{E_{03}}{E_3} + x_4\frac{E_{04}}{E_4} + x_5\frac{C}{C_0} \tag{6-14}$$

式中：E_{01}、E_{02}、E_{03}、E_{04}、C_0——相应材料参数的弹性模量及黏聚力的某一估计值，本节将取材料参数正交试验的上限值。

令 $a_0 = x_0$、$a_1 = x_1E_{01}$、$a_2 = x_2E_{02}$、$a_3 = x_3E_{03}$、$a_4 = x_4E_{04}$、$a_5 = \dfrac{x_5}{C_0}$，回归模型的另一表达式为：

$$Y = a_0 + \frac{a_1}{E_1} + x_2\frac{a_2}{E_2} + \frac{a_3}{E_3} + x_4\frac{a_4}{E_4} + a_5C \tag{6-15}$$

分别就 7 个特征测点的正交试验数值计算进行多元回归分析，可知回归模型的回归系数如表 6-7 所示。同时利用最优化方法可得已知方程为特征测点实测值的最优一组方程解，如表 6-8 所示。

多元回归分析方程系数及参数　　　　　　　　　　　　　　表 6-7

测点	$a_0(\times 10^3)$	$a_1(\times 10^3)$	$a_2(\times 10^3)$	$a_3(\times 10^3)$	$a_4(\times 10^3)$	$a_5(\times 10^{-3})$
1	-0.58391	9.45260	2.88124	4.97152	-2774.62000	0.46680
2	-0.45201	7.22437	2.53271	3.95579	-1838.88800	0.34904
3	-0.32225	5.00940	2.17371	2.95691	-900.88400	0.23205
4	-0.19963	2.88341	1.81106	2.00052	-18.01112	0.12071
5	0.04183	2.61851	2.64889	0.37201	324.26200	-0.00150
6	-0.00660	-1.43942	-0.97598	0.02697	30.86120	-0.00057
7	0.06460	-2.87233	-0.14495	-2.72136	-22.61500	-0.02664

材料物理参数最优方程解　　　　　　　　　　　　　　　　表 6-8

因素	砂土层 2	砂土层 1		支护排桩	闸室墙
	$E_1(\times 10^6/\text{Pa})$	$E_2(\times 10^6/\text{Pa})$	$c(\text{Pa})$	$E_3(\times 10^6/\text{Pa})$	$E_4(\times 10^6/\text{Pa})$
试验 8	10.1	5.8	3107	229	9709

在有限元模型中，输入反演分析得到的材料物理力学参数，其计算结果与实测结果对比值如表 6-9 所示。从表中可知，计算值与实测结果的最大误差值为 1.5943%，小于 5%，采用正交试验反演所得模型参数可以用于船闸基坑开挖对邻近已建船闸影响分析。

实测值与计算值对比　　　　　　　　　　　　　　　　　　表 6-9

测点	1	2	3	4	5	6	7
实测值	2.8060	2.2290	1.7540	1.1970	0.7170	-0.3120	-0.4930
计算值	2.7940	2.2606	1.7260	1.2059	0.7225	-0.3140	-0.4926
差值	0.01197	-0.03157	0.02796	-0.00876	0.0055	0.0020	0.0004
误差(%)	0.42665	1.41618	1.59430	0.73213	0.76709	0.641	0.08114

6.5　基坑开挖对邻近船闸影响的有限元分析

本节基于前一节反演分析得到模型材料参数，采用有限元数值模拟方法深入分析基坑开挖对邻近船闸的影响研究，并将支护结构与闸室墙位移变化关系联系起来，同时从支护排桩的刚度、支护排桩桩长等因素分析基坑开挖对邻近已建船闸的影响。

6.5.1 基坑开挖对邻近船闸的影响分析

船闸深基坑开挖时邻近船闸处于正常运行,闸室在灌水及泄水时水位变化较大,在考虑船闸处于检修工况时基坑开挖对邻近船闸的影响的同时,也需要对处于船闸运行工况下基坑开挖对邻近船闸的影响进行研究。本节将对船闸处于检修工况和高水位运行工况时,基坑开挖对邻近已建船闸的影响进行研究。

6.5.1.1 检修工况

1) 模型概述

当船闸处于检修工况时,计算模型采用第3章反演分析所建立的模型,材料的参数为反演分析所得的物理力学参数,如表6-10所示;材料的本构关系、模型边界条件以及接触面的模拟(主要包括闸室墙与地基土接触、闸室地板与地基土接触、支护排桩与地基土接触)均与第3章有限元模型保持一致。

各材料物理力学参数表　　　　表6-10

名称	密度(kg/m³)	弹性模量 $E(\times 10^6/Pa)$	黏聚力(Pa)	泊松比 μ	内摩擦角 $\varphi(°)$
砂土层1	1900	10.1	3107	0.21	32
砂土层2	1650	5.8	0	0.25	41
闸室墙	2100	9709	—	0.27	—
桩	1190	229	—	0.29	—

2) 位移分析

(1) 整体位移分析。

图6-21~图6-24分别为船闸基坑开挖深度至20cm、30cm、40cm、50cm时模型横向位移的云图。由图6-21可知,船闸基坑开挖初期,支护排桩向坑内倾斜,墙后土体向坑内移动,此时的最大横向位移位于支护排桩桩顶处。由于开始深度较小,最大横向位移值仅为0.3204mm;已建船闸的闸室墙受到基坑开挖的影响,闸室墙体向下沉降,并出现旋转倾斜,闸室墙顶端向坑内倾斜;闸室墙的底端则呈现向已建船闸闸室内移动的趋势,横向位移值为0.0723mm。随着开挖深度的增加,坑后地基处受到破坏,它们的横向位移也越来越大,基坑开挖至50cm时,横向位移达到了2.794mm。

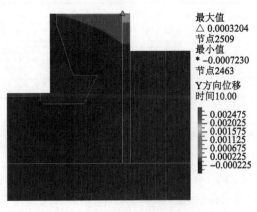
图6-21　开挖深度20cm的横向位移云图

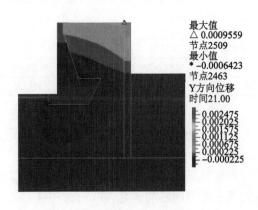
图6-22　开挖深度30cm的横向位移云图

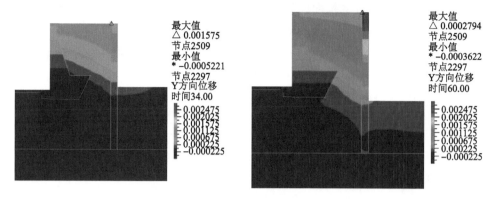

图 6-23　开挖深度 40cm 的横向位移云图　　　图 6-24　开挖深度 50cm 的横向位移云图

由图 6-25～图 6-28 可以看到基坑开挖过程中模型的竖向位移云图,随着开挖深度的增大,模型的最大沉降位移点位于支护排桩后顶部位置处,沉降量为 1.448mm。当开挖深度开挖至 50cm 时,坑后土体受到后方土体的作用,坑内有隆起现象,隆起量为 0.1466mm,此时发生最大沉降的位移仍位于支护排桩顶后的位置处,竖向位移为 1.965mm。

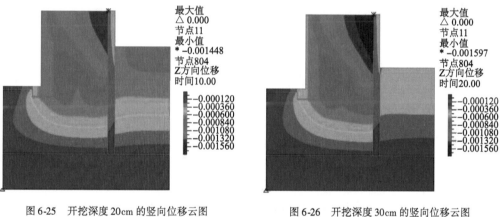

图 6-25　开挖深度 20cm 的竖向位移云图　　　图 6-26　开挖深度 30cm 的竖向位移云图

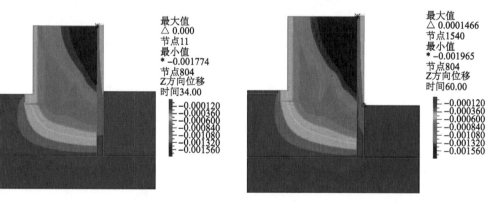

图 6-27　开挖深度 40cm 的竖向位移云图　　　图 6-28　开挖深度 50cm 的竖向位移云图

(2)闸室墙横向位移分析。

由图 6-29 可知,当基坑开挖至 20cm 时,已建船闸闸室墙受到基坑开挖的影响较小,闸室墙的横向位移较小,闸室墙顶的横向位移量为0.1069mm。随着基坑开挖深度的增加,闸室墙的横向位移不断增大,当基坑开挖至50cm时,闸室横向位移达到了0.7225mm。基坑每次开挖深度增加量相同时,闸室墙墙顶的横向位移增幅越来越大,其增加幅度分别为0.156mm、0.258mm、0.298mm。对比物理模型实测结果可知:它们的变化规律基本一致。

对于闸室底端位置处位移变化,如图6-30所示,船闸基坑开挖至20cm时,闸室墙底端向船闸方向移动,横向位移值为0.3016mm。随着开挖深度的增加,闸室底端向背离闸室方向移动,当基坑开挖至50cm时,闸室底端横向位移变为0.0005mm,变化值达到了0.3011mm。分析其原因:基坑开挖时,闸室墙旋转倾斜,其底端向闸室内移动;随着开挖深度的增加,闸室墙整体向坑内倾斜移动,导致闸室底端的横向位移减小。

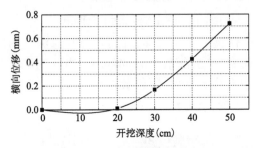

图6-29 闸室顶端横向位移图

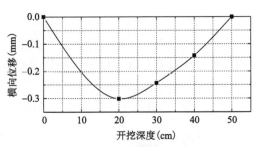

图6-30 闸室底端横向位移图

(3)桩身位移分析。

图6-31为基坑开挖过程时桩身横向位移沿桩身分布图。基坑开挖至20cm时,桩身向坑内倾斜,桩顶的位移为0.3204mm;支护排桩受到桩后土体的挤压以及坑底土体的限制作用,支护排桩在$z=17cm$处开始向坑后弯曲,并在$z=40cm$处横向位移达到最大,其值为0.288mm,与桩顶横向位移比较仅相差0.0324mm。

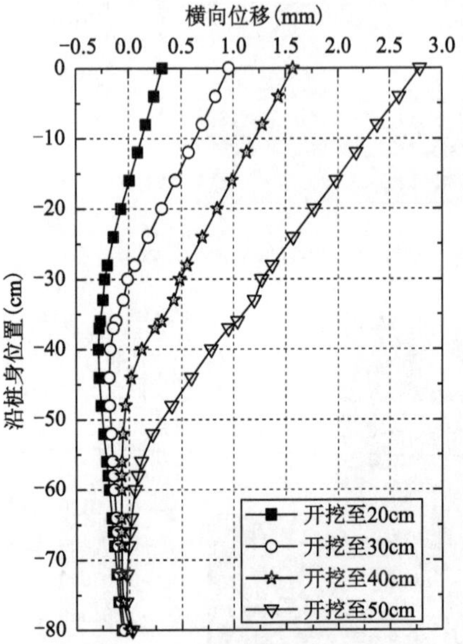

当基坑开挖至30cm时,桩顶的横向位移增大至0.9558mm,桩体的入土深度也在减少,此时桩身横向位移零点位置下降至29.5cm位置处,而桩身向坑后变形的最大值也减小至0.1847mm;当基坑开挖深度至50cm时,桩顶的横向位移达到了2.7933mm,而桩身横向位移零点位置下降至67cm处,距离支护排桩底端仅13cm。同时可知,当基坑每次开挖深度增加值一定时,桩身的位移增加量越来越大,而桩身横向位移零点处的位移下降也越来越快。

因此,对于邻近已建船闸基坑开挖时,需要控制支护结构的横向位移,在保证稳定的情况下,确保闸室墙的变形量在控制范围之内。

图6-31 沿桩身横向位移分布图

图6-32为支护排桩竖向位移随基坑开挖深度的变化关系,其随开挖深度的变化规律与桩身横向变形一致,随着基坑开挖深度的增加而不断增大。不同点在于:支护排桩体主要受到土体的横向作用,而在垂直方向上仅受到本身的重力作用,因此,支护排桩沉降主要发生在基坑开挖深

度为20cm处,桩身竖向位移值为0.413mm,随后它的沉降量变化较小;当基坑开挖深度至50cm时,竖向位移值为0.49116mm。

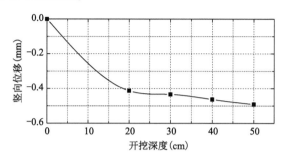

图6-32 桩顶竖向位移变化图

(4)支护排桩顶与闸室墙横向位移关系分析。

由表6-11可知,当基坑开挖深度为20cm时,支护排桩顶的横向位移是闸室墙墙顶的横向位移29.94倍。当开挖深度增加至30cm时,a值减少至4.2306倍,说明闸室墙的横向位移变化较大。当开挖深度增加至40cm时,a值减小至3.7054,闸室墙体向坑内移动的位移越来越大。

闸室墙顶与支护排桩顶横向位移表　　　　表6-11

开挖深度	横向位移(mm)		比值 $a = S_1/S_2$
(cm)	支护排桩顶 S_1	闸室墙顶 S_2	
20	0.32000	0.010687	29.94
30	0.95600	0.166352	5.75
40	1.57454	0.424930	3.71
50	2.79331	0.722450	3.87

3)土压力及地基反力分析

(1)闸室墙后土压力分析。

为了能较直观地分析闸室墙后土压力及地基反力变化规律,将闸室墙分成了四段,如图6-33所示。

图6-34～图6-36为基坑开挖时闸室墙后土压力分布云图,图6-37为闸室墙地基反力的分布云图,图6-38～图6-41为基坑开挖过程闸室墙后土压力及地基反力分布曲线图。

图6-38为船闸处于检修工况下,闸室墙第一段的墙后土压力随基坑开挖深度的变化情况。当基坑开挖至20cm时,墙后土压力沿深度方向逐渐增大后减少的变化规律,并在 $Z = -28$cm 处,土压力达到最大,其值为70.4Pa。随着基坑开挖深度的增加,闸室墙第一段上端的土压力逐渐增大,而在下半段的土压力逐渐减小,墙后土压力峰值点不断上移。当基坑开挖深度至50cm时,在 $Z = -6$cm 处,墙后土压力值增加了10.76Pa;而在 $Z = -28$cm 处,墙后土压力减少了63.79Pa。分析其原因可知:随着基坑开挖深度的增加,闸室墙体向坑内倾斜,闸室一段上半部分土体的

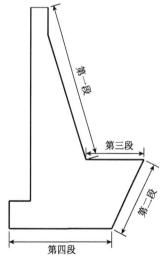

图6-33 闸室分段分析图

密实度增加,被动土压力增大,因此,闸室一段上半端墙后土压力是增大的;而下半段受到墙后土体向坑内方向移动的影响,主动土压力减少,所以该段的土压力逐渐减小。

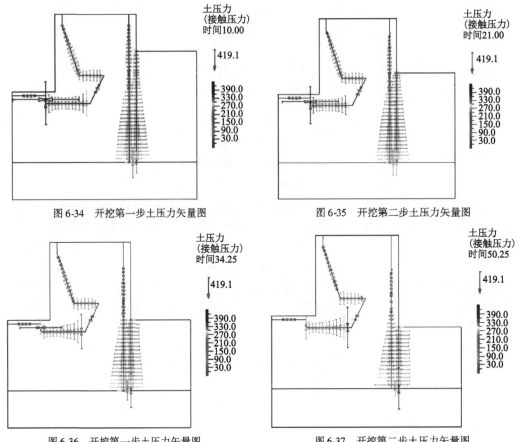

图6-34 开挖第一步土压力矢量图　　　　图6-35 开挖第二步土压力矢量图

图6-36 开挖第一步土压力矢量图　　　　图6-37 开挖第二步土压力矢量图

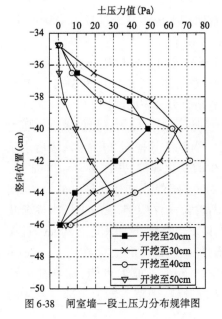

图6-38 闸室墙一段土压力分布规律图

对于闸室墙第二段,墙后土压力随基坑开挖深度变化规律如图6-39所示,墙后土压力为反 C 形规律分布。基坑开挖后墙后土压力总体规律先增大后减小。基坑开挖初期,墙后的被动土压力较小。随着开挖深度的增加,闸室墙体向坑内倾斜,当基坑开挖深度为 40cm 时,墙后土压力达到最大。基坑开挖至 50cm 时,开挖深度已经超过邻近已建船闸基底的高度,土体向坑内移动位移较大,而闸室墙体的位移小于土体的位移,因此,墙后的土压力将减小。

分析后方平台(闸室墙第三段)土压力分布规律,如图 6-40 所示,墙上的土压力主要为向下的正压力。当基坑开挖深度增加时,后方平台正压力均有减小的趋势,尤其后方平台的后端减小量较大。当基坑开挖至 50cm 时,在 $Y=48$ cm 处,土压力值由 113.32Pa 减少至 36Pa,相对减少了 77.32Pa。分析可知:随着基坑开挖深度的增加,

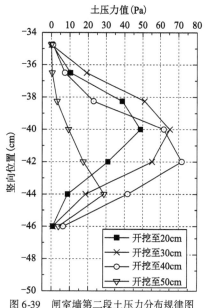

图 6-39 闸室墙第二段土压力分布规律图

墙后土体向坑内移动,尤其当基坑开挖深度较大后,后方平台的正压力将减小。

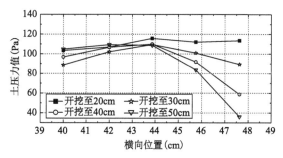

图 6-40 闸室第三段土压力分布规律图

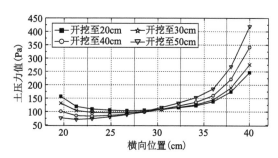

图 6-41 闸室墙地基反力分布规律图

(2)地基反力分析。

由图 6-41 可知,闸室墙地基反力变化规律,土压力为 C 形分布规律,距离闸室越近地基反力越大。当基坑开挖深度增加时,前趾处的地基反力呈现减少趋势,而在后趾处的地基反力表现为增大趋势,在 $Y=18$ cm 处,土压力值由 371.24Pa 减至 127.44Pa;在 $Y=40$ cm 处,土压力值由 246.5Pa 增至 419.1Pa。这主要由于基坑开挖时,已建船闸闸室墙发生旋转倾斜引起的。

(3)桩身土压力分析。

图 6-42 及图 6-43 为桩前、后土压力变化曲线图。随着基坑开挖深度的增加,桩后土压力不断减少,支护桩上端部分桩土发生分离现象,顶端附近处土压力为零。尤其在桩身上端减少趋势明显,而在桩身下半段受到被动土压力影响,土压力开始减少,但幅度较小。当基坑开挖至 50cm 时,下端土压力值由 269.05Pa 减少至 225.09Pa。

对于坑内侧,即桩前土压力,伴随着基坑的开挖,在基坑开挖线以下部分,桩前受到被动土压力作用,其数值逐渐增大,尤其在相应开挖步中坑底位置变化比较明显。基坑开挖至 30cm 时,在 $Z=-31$ cm 时,土压力值由 -44.9 Pa 变为 -57.9 Pa;基坑开挖至 40cm 时,桩前土压力

值在 $Z = -41\text{cm}$ 处, -69.01Pa 变为 -100.24Pa；基坑开挖至 50cm 时，在 $Z = -51\text{cm}$ 时，土压力值由 -141.1Pa 变为 -163Pa。

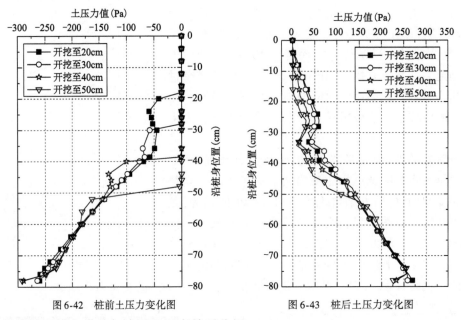

图 6-42 桩前土压力变化图　　　　图 6-43 桩后土压力变化图

4) 闸室墙顶横向位移与墙后土压力关系分析

由基坑开挖对邻近船闸的闸室墙后土压力及墙顶位移变化可知：对于衡重式闸室墙，墙后填土是用来维持它的稳定，而当基坑开挖过程中，墙后土体向坑内移动，墙后土压力减小后，闸室墙体将发生横向位移。因此，邻近船闸基坑开挖时，要控制闸室墙体的横向位移，维持墙后土压力是一种非常有效的方法。

6.5.1.2　高水位运行工况

1) 模型概述

当船闸处于高水位运行工况时，计算模型尺寸、材料参数及本构关系、接触设置以及边界条件均与检修工况一致，此时邻近船闸的水深为 0.36cm。模型示意图及网格划分图如图 6-44 及图 6-45 所示。

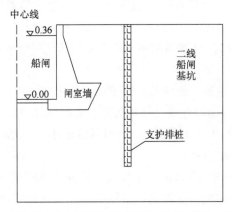

图 6-44　高水位运行工况下模型示意图(单位:cm)

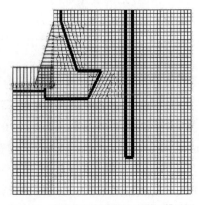

图 6-45　高水位运行工况下有限元模型图

2)位移分析

(1)闸室墙顶横向位移分析。

当船闸处于高水位运行时,基坑开挖过程中邻近船闸闸室墙顶横向位移随基坑开挖深度变化情况,如图6-46所示。基坑开挖深度为20cm时,闸室墙受到闸室内水荷载和墙后土体开挖的作用,闸室墙发生横向侧移,墙顶的横向位移为0.0367mm。随着基坑开挖深度的增大,闸室墙顶横向位移不断增加,当基坑开挖深度为50cm时,闸室墙顶的横向位移达到了1.5865mm。

(2)桩顶横向位移分析。

由图6-47可知,船闸处于高水位运行工况时,基坑开挖过程中支护排桩顶横向位移与闸室墙顶横向位移变化规律相同,支护排桩顶的横向位移随基坑开挖深度的增加而逐渐增大。当基坑开挖深度为20cm时,桩顶的横向位移为0.5594mm;当基坑开挖深度为50cm时,桩顶的横向位移为4.2421mm,相比增加了3.2867mm。

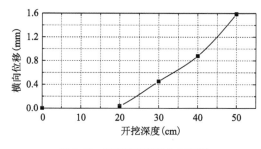

图6-46 闸室墙顶端横向位移图　　图6-47 支护排桩顶横向位移图

3)闸室墙后土压力及地基反力分析

(1)闸室墙后土压力分析。

图6-48~图6-50为船闸处于高水位运行工况下,基坑开挖过程中邻近船闸闸室墙后土压力随基坑开挖深度的变化规律。

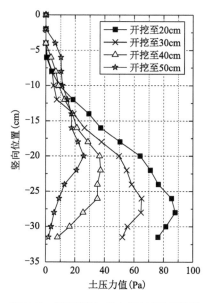 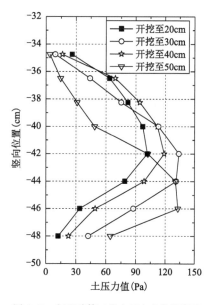

图6-48 闸室墙第一段土压力变化规律图　　图6-49 闸室墙第二段土压力变化规律图

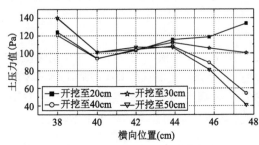

图 6-50 闸室第三段土压力变化规律图

图 6-48 为闸室墙第一段土压力随基坑开挖深度的变化规律。基坑开挖后由于墙后土体向坑内移动,即使在水荷载的作用下仍出现墙土分离现象,土压力值为 0。基坑开挖深度为 20cm 时,墙后土压力沿深度方向逐渐增大后减少,在 $Z = -28$ cm 处,土压力达到最大,土压力为 87.94Pa。当基坑开挖深度继续增加时,墙后一段上端部分的土压力值在逐渐增加,而下端的土压力值则在变小,下半段土压力则表现为逐步减少,墙后土压力峰值点不断上移。当基坑开挖深度至 50cm 时,在 $Z = -6$ cm 处,墙后土压力值增加了 9.7Pa;而在 $Z = -28$ cm 处,墙后土压力由最初的 87.93Pa 减少至 5.78Pa。分析其原因可知:随着基坑开挖深度的增加,伴随着闸室墙体向背离闸室方向倾斜,闸室第一段上半部分土体的密实度增加,被动土压力增大。因此,闸室第一段上半端的墙后土压力表现为增大;而下半段受到墙后土体向坑内方向移动的影响,主动土压力减少,所以该段的土压力逐渐减小。

对于闸室墙第二段,墙后土压力随基坑开挖深度变化规律如图 6-49 所示。基坑开挖后,在上半段墙后土压力总体规律为减少,而在下半段墙后土压力逐渐增加,而墙后土压力的峰值点不断下移,当基坑开挖至 50cm 时,在 $Z = -34.75$ cm 处,墙后土压力减少了 22.09Pa; $Z = -48$ cm 处,墙后土压力减少了 52.19Pa;而墙后土压力的峰值点则由最初 $Z = -42$ cm 下降至 $Z = -44$ cm 处。分析其原因可知:基坑开挖时,墙后土压力释放,总体来说它们是减少的;当基坑开挖深度逐渐增加时,闸室墙向坑内移动,闸室墙第二段下半段的土体密实增大,被动土压力增加,因此,它们的土压力值是逐渐增大的,并且土压力峰值点不断向下移动。

图 6-50 为闸室墙后方填土(闸室墙第三段)的土压力随基坑开挖深度变化的分布图,后方平台的土压力均为正压力。基坑开挖初期,后方平台前端的土压力大于后端的土压力;基坑开挖深度增加后,后方平台的前端的土压力逐步减少,后端的土压力增加较大,当基坑开挖深度至 50cm 时,后端的土压力甚至已经大于前端的土压力。前端 $Y = 38$ cm 处,土压力值有 139.87Pa 变为 124.19Pa,减少量为 15.68Pa;而在 $Y = 47.625$ 处,土压力值由 41.01Pa 增大至 133.76Pa,土压力增加了 92.75Pa。基坑开挖后,墙后土体向坑内移动,对于后方平台而言,前端的正压力将逐步减少,而后端的正压力将变大。

(2)地基反力分析。

图 6-51 为船闸处于高水位运行工况时,闸室墙地基反力的变化规律图。基坑开挖至 20cm 时,闸室墙前趾处的地基反力较后趾处的地基反力小。随着基坑开挖深度的增加,前趾处的地基反力逐渐减少;当开挖深度至 50cm 时,此时的地基反力接近为 0;而在闸室墙的后趾处,地基反力逐渐增大,地基反力由最初的 252.37Pa 增加至 467.51Pa,相比增加了 215.15Pa。

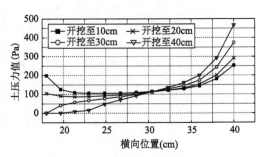

图 6-51 闸室墙地基反力变化规律图

邻近船闸处于高水位运行工况时，基坑开挖过程中，土体向坑内移动，并在船闸水荷载的作用下，闸室墙体发生倾斜，前趾处的地基反力是逐步减小的，对于后趾处的地基反力将逐渐增加。当基坑开挖深度至50cm时，闸室墙前趾处，墙体与地基接近分离，此时前趾处的地基反力接近为0；而在后趾处的地基反力将达到最大值。

6.5.1.3 高水位工况与检修工况结果对比分析

1）位移对比分析

由表6-12可知船闸处于不同运行工况下，邻近船闸闸室墙横向位移变化。基坑开挖初期，邻近船闸受墙后方土体开挖影响较小，当船闸处于检修工况时，闸室墙顶的横向位移为0.01069mm；对于船闸处于高水位运行工况时，闸室墙体受到水荷载的作用，墙顶的横向位移变为0.0367mm；当基坑开挖至50cm时，船闸处于高水位运行工况下，闸室墙顶的横向位移较船闸处于检修工况下的墙顶横向位移量增加了0.8641mm。因此，当船闸处于高水位运行工况时，闸室墙体的横向位移量更大，它的稳定性也更差。

不同运行工况下闸室墙墙顶横向位移对比表　　　　表6-12

开挖深度(cm)	20	30	40	50
检修工况	0.01069	0.16635	0.42493	0.72245
高水位运行工况	0.03670	0.45150	0.8790	1.58650
相对差值	0.02600	0.28520	0.45410	0.86410
增加百分比(%)	243.312	171.425	106.861	119.601

2）闸室墙后土压力对比分析

图6-52为闸室墙的第一段船闸处于高水位运行工况与检修工况下的土压力增量图。基坑开挖完毕后，闸墙第一段上半端墙体与墙后土体分离，它们的土压力均为零，故土压力增量是零。当墙后距离地面高度在$6cm<Z<12cm$时，船闸处于高水位运行工况时的墙后土压力较船闸处于检修工况时小，最大增加至为2.95Pa。而在$12cm<Z<33cm$时，墙后土压力是增加的，并在$Z=24cm$处达到峰值，墙后的土压力值增加了6.46Pa。

船闸处于高水位运行工况时，闸室墙体在水荷载的作用下，闸墙第一段的上半端的被动土压力比船闸处于检修工况时的增加较少，因此它的墙后土压力是将减少；而在闸室墙的下半段的被动土压力增加较大，船闸处于高水位运行工况时的土压力将增加。

图6-53为闸室墙第二段不同运行工况下的土压力增量图，船闸处于高水位运行工况时的墙后土压力比船闸处于检修工况时的土压力要大，并且距离墙顶越远，墙后土压力增加幅度越大。当$Z=46cm$时，墙后土压力增加了128.08Pa。这主要是由于船闸处于高水位运行时，闸室内的水荷载作用引起的。

对于闸室墙后方平台（闸室墙第三段）而言（图6-54），船闸处于高水位运行工况时，闸室墙上在水荷载的作用下，基坑开挖后墙后土体向坑内移动相对较大。因此，后方平台的土压力整体而言都是减小的，尤其在后方平台的前端及后端，前端相对减少量为5.63Pa，后端的减少量为6.46Pa。

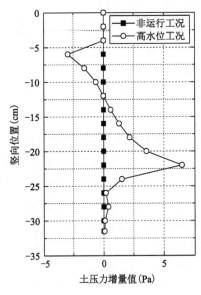
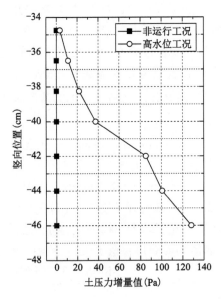

图 6-52　闸室墙第一段土压力增量图　　　图 6-53　闸室墙第二段土压力增量图

3）地基反力对比分析

图 6-55 为船闸处于不同工况下地基反力增量图,当船闸处于高水位运行工况时,在闸室墙底端 $18\text{cm}<Z<31\text{cm}$ 处,地基反力是逐渐减小的,并在闸室墙的前趾处减少量最大,其减少量为 128.1Pa；而在 $18\text{cm}<Z<40\text{cm}$,地基反力是逐渐增加的,并在后趾处达到最大,其增量值为 33.65Pa。

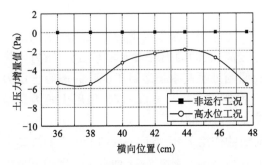
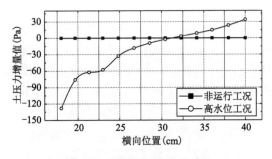

图 6-54　闸室第三段土压力增量图　　　图 6-55　闸室墙地基反力增量图

船闸处于高水位运行工况时,闸室墙在水压力的作用下,闸室墙体发生旋转倾斜,墙后土体将向坑后移动,导致闸室墙前趾处的地基反力将减少,而在后趾处的地基反力将增大。

6.5.2　基坑开挖对邻近船闸的影响因素分析

6.5.2.1　概述

基坑开挖对邻近已建船闸的影响与支护排桩刚度、支护排桩桩长等因素密切相关,详细了解它们对已建船闸的影响,对设计、施工均具有较重要的意义。本节将采用数值模拟方法分析这些因素对邻近已建船闸的作用规律。

有限元计算模型同第6.4.2节所采用的模型,模型材料参数及边界条件等均相同,基坑开挖对邻近已建船闸的影响因素分析工况见表6-13。

影响因素计算工况表　　　　　　　　　　　　　　　　　　　　　表6-13

影响因素	工况1	工况2	工况3	工况4	工况5
刚度	1.7172	3.4344	6.8688	13.7375	27.4750
桩长(cm)	64	68	72	76	80
基坑与已建船闸距离(cm)	32	36	40	44	48

6.5.2.2 支护排桩刚度的影响

1)闸室墙顶横向位移分析

从表6-14可以看到,不同支护排桩刚度下,基坑开挖对邻近已建船闸闸室墙顶侧向位移的影响。支护排桩刚度增加后,闸室墙顶的横向位移逐渐减少,但横向位移的减少量较小。支护排桩的刚度增加2倍时,闸室墙顶的侧向位移量仅减少0.78%;即使支护排桩的刚度增加16倍,闸室墙顶的横向位移量由0.7225mm减少到0.673mm,仅减少了4.95%。因此,仅增加支护排桩的刚度时,虽然能够减少邻近已建船闸闸室墙横向位移,但效果不是很明显。

不同支护排桩刚度下闸室墙顶横向位移表　　　　　　　　　　　　表6-14

支护排桩刚度	刚度1	刚度2	刚度3	刚度4	刚度5
	1.7172	3.4344	6.8688	13.7375	27.4750
闸室墙顶横向位移(mm)	0.7225	0.7147	0.6991	0.6915	0.6730
差值(mm)	0.0000	0.0140	0.0420	0.0558	0.0891
减少百分比(%)	0.0000	0.78	2.33	3.10	4.95

2)闸室墙后土压力分析

图6-56~图6-58为不同支护排桩刚度下,邻近船闸的闸室墙墙后土压力变化增量图。从图6-56可知,当支护排桩的刚度增加时,闸室墙后第一段$-12\mathrm{cm}<Z<-6\mathrm{cm}$处的土压力略有减小,而在$-33\mathrm{cm}<Z<-12\mathrm{cm}$处墙后土压力是增加的。当支护排桩的刚度增加16倍时,闸室墙后的土压力最大增加量仅为8.44Pa。

基坑开挖过程中,相应地增加支护排桩刚度,闸室墙顶的横向位移相应有所减小,对$-12\mathrm{cm}<Z<-6\mathrm{cm}$处相应的被动土压力也减少;而在$-33\mathrm{cm}<Z<-12\mathrm{cm}$处,支护排桩的横向位移减少了,墙后土体向坑内方向的移动也相应减少,墙体的土压力则相应的有所增加。

对闸室第二段墙后土压力而言,支护排桩的刚度增加后,墙后土压力的变化量也较小。当支护排桩的刚度增加16倍时,墙后土压力最大增加值仅为10.61Pa,最大减小值为6.24Pa。分析其原因:支护排桩的刚度增加时,由于闸室墙体的横向位移量减小量较小,介于$-43\mathrm{cm}<Z<-34.75\mathrm{cm}$处墙后的被动土压力增加量较小,而在$-48\mathrm{cm}<Z<-43\mathrm{cm}$处的墙后主动土压力减少量变小,因此,闸室墙第三段的墙后土压力变化较小。

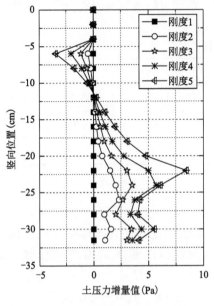

图6-56 闸室墙第一段土压力增量图

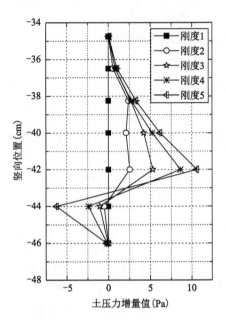

图6-57 闸室墙第二段土压力增量图

分析后方平台(闸室墙第三段)的墙后土压力变化规律,如图6-58所示。当支护排桩的刚度增大后,墙后的土压力变化也较小,最大变化值仅为6.39Pa。支护排桩刚度增加后,墙后土体向坑内方向的位移量变化较小,因此,后方平台上前端处的正压力减少量较小,而在后端处是相应增大的。

3)地基反力分析

图6-59为不同支护排桩刚度下,闸室墙体的地基反力变化规律图。当支护排桩的刚度增加时,墙后土体的位移量相应减少量较小,因此,闸室墙前趾处的地基反力将相应的增大,而在后趾处则是减少。当支护排桩的刚度增加16倍时,前趾处的地基反力增加17.23Pa,后趾处的地基反力减少20.01Pa。

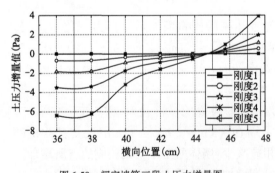

图6-58 闸室墙第三段土压力增量图

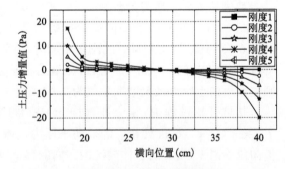

图6-59 地基反力增量图

综合分析闸室墙顶的横向位移量、墙后土压力以及地基反力可知:基坑开挖时,增加支护排桩的刚度,维持闸室墙稳定的墙后土压力以及地基反力变化较小,相应的闸室墙的横向位移量也变化较小。因此,通过增加支护排桩的刚度并不能有效地减少邻近船闸的横向位移。

6.5.2.3 支护排桩桩长的影响

1) 闸室墙顶横向位移分析

表6-15为采用不同支护桩长时,已建船闸闸室墙顶横向位移变化情况,当支护排桩的桩长由80cm减少至76cm时,位移仅减少2.5351%;当桩长减少至64cm时,闸室墙后的位移增大至0.8462mm,相对值增加了17.1246%。这表明:当支护排桩嵌入地基一定深度时,适当地改变支护排桩的桩长并不能有效减少闸室墙顶的横向位移;当支护排桩入土深度不是很深时,适当地改变支护排桩的桩长将可能引起闸室墙较大的横向位移。

不同支护排桩桩长下船闸闸室墙侧向位移表　　　表6-15

支护排桩桩长(cm)	80	76	72	68	64
闸室墙顶横向位移(mm)	0.7225	0.7408	0.7674	0.8019	0.8462
相对差值(mm)	0.0000	0.0183	0.0450	0.0794	0.1237
减少百分比(%)	0.0000	2.5351	6.2246	10.9969	17.1246

2) 闸室墙后土压力分析

图6-60、图6-61为闸室墙后土压力随支护排桩桩长的变化规律图,从图6-60可知,支护排桩桩长增加后,闸室墙后第一段介于 $-12\text{cm} < Z < -6\text{cm}$ 处的土压力略有减小,而在 $-33\text{cm} < Z < -12\text{cm}$ 处墙后土压力是增加的。支护排桩的桩长为80cm时,墙后土压力最大减少值为2.36Pa,最大增加值为4.11Pa。因此,增加支护排桩的桩长对闸室墙后的土压力改变并不明显。

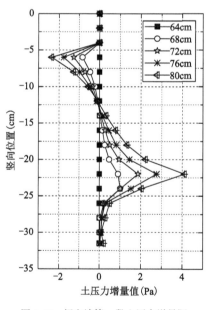

图6-60　闸室墙第一段土压力增量图　　图6-61　闸室墙第二段土压力增量图

对闸室第二段墙后土压力而言,支护排桩桩长增加后,墙后土压力也相应增加。支护排桩桩长增加至80cm后,墙后最大土压力增加量为25.7Pa,有利于闸室墙体的稳定。

图6-62为不同支护排桩桩长下的后方填土(闸室墙第三段)墙后土压力的增量图。支护排桩相应变长后,闸室墙后土体的横向位移变化较小,后方平台的正压力变化较小,后方平台

的前端的最大减少值为2.48Pa,后方平台的后端的最大增加值为0.97Pa。

3）地基反力分析

图6-63为不同支护排桩桩长下的闸室墙地基反力增量图,支护排桩的桩长增加后,闸室墙前趾处的地基反力将增大,而在后趾处的地基反力是减少的。当支护排桩的桩长为80cm时,前趾处的地基反力增加了21.07Pa,后趾处的地基反力减少了14.71Pa。

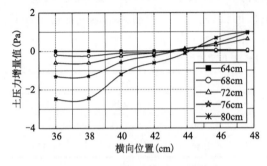 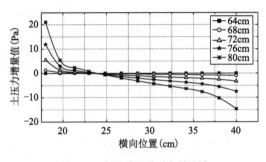

图6-62 闸室墙第三段土压力增量图　　　图6-63 闸室墙地基反力增量图

通过对不同支护排桩桩长对邻近已建船闸闸室墙影响分析可知:当支护排桩的桩长增加时,闸室墙的墙后土压力及地基反力的增加量较小,因此,闸室墙横向位移量的减小量也较小。

6.6 小　　结

本章以株洲航电枢纽拟建二线船闸为工程背景,采用概化物理模型试验及数值模拟的方法研究分析了支护排桩的基坑开挖对邻近船闸的影响,得到了以下几点结论。

(1)船闸基坑开挖设置支护排桩时,随着开挖深度的增加,闸室墙与墙后土体破坏,闸室墙发生旋转倾斜,其横向位移将不断增大,而闸室竖向位移则表现为先增大随后减小的变化趋势;对于支护排桩位移,随着开挖深度的增加将不断增加,尤其是当开挖深度达到一定深度时,桩身的横向位移变化越来越大,竖向位变化相对较小。

(2)以物理模型试验现场位移为基础,基于正交设计对相关物理力学参数进行位移反分析,结果表明:相关物理力学参数对特征点位移影响大小顺序分别为砂土层2、砂土层1、支护排桩、闸室墙的弹性模量以及砂土层1的黏聚力;通过反演计算,特征测点的实测值以及计算值吻合较好,最大误差在允许范围内;反演分析所得参数可用于基坑开对邻近已建船闸的影响分析研究。

(3)采用数值模拟方法研究分析基坑对邻近船闸的影响,闸室墙位移与支护排桩位移的变化规律与物理模型试验所得结果相同。

(4)基坑开挖过程中,不论船闸处于高水位运行工况还是检修工况,闸室墙后总体土压力不断减小,闸室墙第一段的上半段则略有增加的趋势,而下半段的墙后土压力减小;闸室墙后方平台的土压力均呈减小趋势,尤其在后方平台后端处;而闸室墙底前趾处的地基反力随着开挖深度的增加将逐渐减小,后趾处的地基反力将增大。

(5)对于船闸闸室墙第二段的墙后土压力,随着基坑开挖深度的增加,当船闸处于检修工况时,墙后的土压力呈先增大后减小的趋势;而当船闸处于高水位运行工况时,闸室二段上半段的墙后土压力逐步减小,下半部分墙后土压力呈逐渐增大趋势。

(6)船闸处于检修工况下,桩身土压力随着开挖深度的增加土压力不断减少。

(7)邻近船闸的基坑开挖,已建船闸闸室墙产生横向位移主要是由于维持其稳定的墙后土压力减少导致的。因此,邻近船闸基坑开挖时,为减少闸室墙的横向位移量,维持墙后的土压力是一种非常有效的方法。

(8)对比分析船闸处于检修工况及高水位运行工况下的邻近船闸的基坑开挖问题可知,当船闸处于高水位运行工况下时,受到闸室内水荷载的作用,闸室墙体的横向位移量远大于检修工况下闸室墙体的横向位移量。

(9)通过对基坑开挖对邻近已建船闸影响因素分析可知,增加基坑支护排桩的刚度减少闸室墙的横向位移,但效果不是很明显;当增大改变船闸与基坑之间的距离能够有效降低闸室墙墙顶的横向位移;而对于支护排桩的桩长而言,当支护排桩的嵌入深度较浅时,适当减少支护排桩的桩长,将可能引起闸室墙产生较大的横向位移。

本章参考文献

[1] 吕黄.降排水技术在淮安三线船闸土建工程中的应用[J].水运工程,2009,380(9):92-95.

[2] 陶厚余.地下连续墙支护在皂河三线船闸工程中的应用[J].中国水运,2009,6(9):199-201.

[3] 杨志华,等.岩土工程反分析原理及应用[M].北京:地震出版社,2002.

[4] 吴立军,刘迎曦,韩国城.多参数位移反分析优化设计与约束反演[J].大连理工大学学报,2002,42(4):413-418.

[5] 丁德馨,张志军,孙钧.弹塑性位移反分析的遗传算法研究[J].工程力学,2003,20(6):1-5.

[6] 张志军,丁德馨.位移反分析的人工神经网络方法研究[J].南华大学学报(自然科学版),2005,19(2):1-5.

[7] 刘迎曦,吴立军,韩国城.边坡地层参数的优化反演[J].岩土工程学报,2001,23(3):315-318.

[8] 李守巨,刘迎曦,张正平,等.基于神经网络的混凝土大坝弹性参数识别方法[J].大连理工大学学报,2000,40(5):531-535.

[9] 郭力,高效伟.复变量求导法灵敏度分析及弹塑性参数反演[J].东南大学学报(自然科学版),2008,38(1):141-145.

[10] 陈益峰,周创兵.基于正交设计的复杂坝基弹塑性力学参数反演[J].岩土力学,2002,23(4):450-454.

[11] 姬振豫.正交设计[M].天津:天津出版社,1993.

[12] 朱伯芳.有限单元法原理与应用[M].北京:中国水利水电出版社,1998.

[13] 李广信.高等土力学[M].北京:清华大学出版社,2004.

[14] 王勖成.有限单元法[M].北京:清华大学出版社,2003.